Regina Martusch

Papa und die großen Kartoffeln

AF139066

Regina Martusch

Papa und die großen Kartoffeln

Eine Kindheit mit alkoholabhängigen Eltern

Bibliografische Information der Deutschen Nationalbibliothek: Die Deutsche Nationalbibliothek verzeichnet diese Publikation in der Deutschen Nationalbibliografie; detaillierte bibliografische Daten sind im Internet über www.dnb.de abrufbar.

© 2015 Regina Martusch

Herstellung und Verlag: BoD – Books on Demand, Norderstedt

ISBN 9783734749759

Vorwort

Gedanken und Geschichten aus einer Kindheit mit alkoholabhängigen Eltern. Über glückliche und unglückliche Momente. Große und kleine Katastrophen.
Nach einer wahren Begebenheit.

I

Spätsommer 1968

Ich hielt mir die Ohren zu. Es gab einen lauten Knall. Nachdem
sich mein Trommelfell beruhigte, fragte ich Papa: "Haben
Mama, Oma Hilde und Opa Ewald den Knall gehört?"
"Ja, bestimmt", antwortete Papa.
Er reichte mir seine Hand und zeigte mir, was die
Übungsgranate, die ich im Wald beim Pilze suchen fand,
anrichtete. Ein Loch klaffte im Waldboden dort, wo Papa die
Granate hinwarf, nachdem er mir diese aus der Hand nahm.
"Du darfst nie eine Übungsgranate oder Munition aufsammeln
oder anfassen", erklärte er mir. "Du hast jetzt gesehen, was
passiert!"
Ich beschloss, wenn ich noch etwas finden sollte, sofort Papa
herbei zu holen. Den gesamten Weg hielt ich Ausschau, aber
ich fand keine Übungsgranate mehr.
Zu Hause berichtete ich dann aufgeregt von meinem Erlebnis.

Meine Eltern, meine kleine Schwester Kristina und ich
bewohnten eine kleine Zweizimmerwohnung in der ersten
Etage, direkt über Oma Hilde und Opa Ewald.

Meine Tante Frauke, Onkel Hermann und meine vier Jahre
ältere Cousine Iris bewohnten eine Wohnung im Hinterhaus.
Wir hatten ein großes Grundstück.

Oma baute im Garten alles an, was man braucht. Kartoffeln,
Möhren, Gurken, Bohnen, Erbsen und verschiedene Kräuter
wie Dill, Schnittlauch, Petersilie und allerlei Obst.

Im Herbst bestellte Opa Ewald regelmäßig einen Wagen
Pferdemist, der im Garten unter gegraben wurde.

Geheizt wurde mit Kohleöfen und einmal in der Woche war
Waschtag.

An solchen Tagen nahm Papa mich mit in den Stall (er nannte
das Werkstatt) und ich durfte dort Nägel in ein kleines Holzstück
schlagen, etwas in den Schraubstock einspannen, oder ich sah
ihm einfach bei seinen Basteleien zu.

Ich durfte auch beim Holzhacken helfen.

Eine Badewanne oder Dusche hatten wir nicht. Unter dem
Küchentisch, den man ausziehen konnte, gab es zwei
Waschschüsseln, die wurden mit warmem Wasser befüllt zum
Waschen.

Ich durfte, weil ich noch klein war, in der Spüle sitzen und mich
waschen.

Wenn ich bei Tante Frauke zu Besuch war, badete ich mit Iris
zusammen in der großen Badewanne, das war ein Heidenspaß.

Die Wohnung von Tante Frauke und Onkel Hermann war moderner ausgestattet und größer als unsere.

Zum Jahreswechsel schwamm ein riesiger Karpfen in der Wanne, den Oma für die ganze Familie zubereitete.

Ein tolles Festessen.

Viele Spielkameraden hatte ich nicht, die Kinder in der Nähe sind etwas älter als ich und alles Jungs.

Ich zog also, statt mädchenhaft mit Puppen zu spielen mit den Jungs los, kletterte auf Bäume und schleppte Frösche, Kröten, Schnecken und jede Menge anderes Getier nach Hause.

Sehr zum Verdruss meiner Oma Hilde!

Ich setzte nämlich die Schnecken auf den Weg vor unserer Haustür, oder an das Kellerfenster, da rasten die Schnecken wirklich sehr schnell herunter! Natürlich blieb eine deutliche Schleimspur zurück. Schnecken rennen!

Ein tolles Spiel für meine Freunde und mich.

Oft saß ich im Winter bei Opa Ewald, denn der konnte schöne Märchen erzählen, die er aber immer absichtlich durcheinander brachte.

"Opa, erzählst du eine Geschichte?" fragte ich und Opa erzählte das Märchen von den sieben Geißlein, die Besuch von Rotkäppchen bekamen.

Beim Märchen erzählen musste ich Opas Handfläche kraulen, sobald ich damit aufhörte, hörte er auf zu erzählen.

Auch die Haare ließ Opa Ewald sich gern von mir frisieren.

Oma Hilde lachte: "Was für ein tolles Kunstwerk hast du Opa wieder gezaubert, wunderschön!"

"Soll ich Opas Haare noch ein wenig toupieren", fragte ich.

"Nein, lass es so," meinte Oma und holte schnell den Fotoapparat um ein Bild zu machen.

Eines Tages brachte Papa zwei Kaninchen mit nach Hause.

Oh, sind die süß und kuschelig!

"Papa, mein Hase soll Cäsar heißen", sagte ich.

Jeden Tag gingen wir in den Stall und fütterten die Kaninchen mit Löwenzahn, den wir zusammen mit Papa im Garten pflückten und mit altem Brot.

Manchmal liefen Kristina und ich auch ohne Papa zum Stall und spielten mit Cäsar.

Nach ein paar Monaten, als die Kaninchen groß und dick waren, kam Papa und sagte: "Die Kaninchen werden heute geschlachtet." Ich verstand das nicht und dachte mir nichts Schlimmes dabei. Am Nachmittag kam er mit einer Hasenpfote von Cäsar und gab sie mir. "Steck die in deine Hosentasche, die bringt dir Glück", meinte Papa. Völlig entsetzt schaute ich auf die Pfote und fing an zu weinen. Ich konnte nicht glauben, dass Cäsar wirklich tot ist.

Mama hörte das und schimpft mit Papa.

„Wie kannst du den Kindern so etwas erzählen und einfach die Kaninchen schlachten?" Sie war total böse auf Papa.

Am nächsten Tag gab es Kaninchenbraten zu essen. Das schmeckte mir überhaupt nicht, weil ich ja wusste, dass da Cäsar auf unseren Tellern lag.

Wir hatten keine Badewanne, aber eine Toilette mit Wasserspülung, zwar auf halber Treppe, aber immerhin.

Im Winter war es dort sehr kalt und ich mochte nicht gern zur Toilette gehen.

Ich zögerte den Gang zur Toilette immer hinaus und so passierte es des Öfteren, dass ich in die Hose machte.

Mama schimpfte deshalb mit mir oft, Papa zog mir dann aber eine neue Hose an.

Papa hat mich viel mehr lieb als Mama, dachte ich dann.

Ich hatte immer Blasenentzündungen und oft tat mein Bauch fürchterlich weh.

Mama ging mit mir zum Kinderarzt und ich musste jeden Tag einen Teelöffel Saft nehmen. Der schmeckte mir sehr gut.

Einmal, als der Saft noch auf dem Tisch stand, trank ich noch einen Schluck aus dem Fläschchen. Mama merkte das nicht.

Überhaupt mochte Mama meine kleine Schwester Kristina viel lieber als mich.

Sie hatte Kristina oft auf dem Arm und kuschelte mit ihr. Mit mir fast nie.

Fast jede Nacht machte ich das Bett nass.

Mama schimpfte dann mit mir, sodass ich lieber nichts sagte und die Nacht weiter im nassen Bett schlief, aber oft hörte Papa mich und nahm mich mit in sein Bett, da konnte ich mich aufwärmen.

Bei solchen Gelegenheiten sagte Papa immer zu mir: „Wenn du deinen Papa nicht hättest und die großen Kartoffeln".

Ich antwortete dann: „ja, und die großen Kartoffeln," und gab Papa ein Küsschen.

Meine Eltern stritten sehr viel, ich verstand nicht, worum es ging.

Ich glaube es hatte etwas mit Papa zu tun, denn er roch immer unangenehm nach Bier. Abends saß er oft in der Gaststätte und Mama war mit Kristina und mir allein zu Hause.

Manchmal sagte Papa: „Komm Regina, wir gehen spazieren."

Auf dem Weg kamen wir dann an der Gaststätte vorbei und Papa nahm mich mit hinein. Wie die Erwachsenen durfte ich am Tresen sitzen. Ich durfte den Schaum von seinem Bier ab trinken. Sonntags nahm Papa mich auch immer mit in die Gaststätte, dort waren wir meistens bis es Mittagessen gab.

Mit sechs Jahren wurde ich eingeschult. Es gab eine Schultüte, wir gingen zur Kirche und hinterher in die Schule. Auf dem Schulhof tanzten und sangen die größeren Kinder.

Dann wurden die neuen Schulkinder aufgerufen und ihren Klassenlehrern zugeteilt. Ich weiß nicht was ich dort sollte und kam mir einsam und allein vor.

Ich fand die Schule doof, gleich vom ersten Tag an.

Scheidung

Eines Abends im Winter 1969, meine Schwester und ich schliefen schon, weckten uns Mama und Papa.

Kristina saß bei Mama auf dem Schoß und ich daneben.

Papa fragte uns: „Wo wollt ihr lieber bleiben, bei Mama oder Papa?"

Kristina rief gleich: „Bei Mama!", während mich die Frage verwirrte.

Ich war hin und her gerissen. Mama oder lieber Papa? Ich mochte Papa viel lieber, als Mama.Da Kristina mit Mama gehen wollte murmelte ich ich auch: „Zu Mama".

Papa war traurig. Ich weinte.

Am gleichen Abend ging Mama mit zwei großen gepackten Taschen und uns zu unseren anderen Großeltern, ein paar Straßen weiter.

Von jetzt an wohnten wir dort mit im Haus. Viel Platz zum spielen war dort nicht, denn das Haus war für so viele Personen zu klein.

In der unteren Etage lebte meine Uroma Ganz in einer Drei-Zimmer-Wohnung. Oben wohnten Omi Marga und Opi Erwin in zwei Zimmern.

Meine Mutter hat noch sechs Geschwister, von denen noch drei im Elternhaus wohnten: Anne, Karsten und Hagen.

Die teilten sich ein Zimmer, bei Uroma Ganz, unten.

Auch wir wurden dort untergebracht. Meine Mutter schlief mit Kristina unten im Etagenbett, oben schlief Hagen, Karsten hatte ein Schrankbett und für Anne und mich standen Gartenliegen im Zimmer.

Für mich war das ein tolles Abenteuer, denn Hagen und Karsten trieben allerlei Schabernack mit mir.

Tagsüber spielten wir Fußball oder Pappschis (Mittelstücke aus den Schallplatten, heute nennt man die Caps)und nachts wenn wir in unseren Betten lagen mit Hagen: Ich sehe was, was du nicht siehst.

Mama arbeitete jetzt den ganzen Tag.

Bald fand sie für uns eine kleine Wohnung in einem Mehrfamilienhaus in unmittelbarer Nähe zu Omi und Opi. Mama bekam alte Möbel von Omi geschenkt für unser Kinderzimmer, kaufte Farbe und malte grade die Schränke in hübschen Farben an, als Kristina ins Zimmer lief und sich mitten in den Farbeimer setzte! Der Eimer kippte um und Kristinas Hintern sah rot aus. Mama zog Kristina schnell aus der Farbe und nahm sie mit ins Badezimmer um ihr die schmutzigen Sachen auszuziehen. Wie gut das der Teppich noch nicht ausgelegt war!

Da Mama den ganzen Tag nicht zu Hause war, sind Kristina und ich tagsüber bei Omi gewesen. Kristina gleich morgens, ich nach der Schule, bis Mama uns abends abholte.

In meiner neuen Umgebung fand ich schnell Freunde und fühlte mich pudelwohl.
Mittelpunkt war der Spielplatz, gegenüber dem Haus von meiner Omi, sodass ich den ganzen Tag dort spielte.

Ich sah Papa nicht oft.
Ab und zu kam er mal zum Spielplatz. Wenn Mama das sah, rief sie mich herein ins Haus. Mama und Papa stritten sich ständig.

Alle 14 Tage Sonntags holte Papa Kristina und mich ab. Wir besuchten mit ihm Oma Hilde.

Oft musste ich bei Papa auf dem Schoß sitzen, das mochte ich nicht, weil er immer nach Bier roch. Ich traute mich nicht ihm das zu sagen.

Ich freute mich immer, wenn Papa sonntags kam, auch wenn Mama und die anderen Verwandten böse Sachen über ihn sagten. Kristina besuchte Papa nie gern.

Papa

Eines Sonntags klingelte Papa an unserer Haustür. Er wollte Kristina und mich abholen, wie alle 14 Tage.

Doch Mama sagte: "Nein, ihr dürft heute nicht zu Papa."

Ich weinte und bettelte: "Warum denn nicht Mama, ich möchte so gerne zu Papa!"

Aber Mama blieb hart. Ich durfte nicht mit.

Ich war sehr traurig und weinte sehr lange.

Ab und zu bin ich allein zu Papa geschlichen und besuchte ihn, aber das durfte Mama nicht wissen.

Sie hätte mich ausgeschimpft. Den Rückweg hat Papa mich immer begleitet, damit mir nichts passiert und hat sich an einer Hausecke von mir verabschiedet, sodass Mama ihn nicht sehen konnte.

Eine Zeit lang kam Papa mich nicht mehr besuchen.

Mama sagte: "Euer Papa ist im Gefängnis bei Wasser und Brot, weil er einen Unfall gebaut hat, als er Bier getrunken hat und einfach abgehauen ist."

Als Papa mich nach seiner Haft wieder besuchte, fragte ich ihn, ob er im Gefängnis auch genug zu essen hatte, ob ihm nicht langweilig war und er dort auch Bonanza (Fernsehserie) schauen konnte. Er erzählte mir, dass er im Gefängnis auch rausgehen konnte in den Hof und dass er dort Tischtennis gespielt hat. Darüber freute ich mich.

Papa zog bei Oma Hilde aus und wohnte jetzt in Schleswig.

"Du kannst mich in Schleswig nicht besuchen, dass ist zu weit weg", sagte Papa.

Papa hatte jetzt auch eine neue Frau, sie hieß Helga und war sehr nett zu mir und Kristina. Sie hat uns manchmal eine Kleinigkeit zu spielen mitgebracht. Wir sind auch nicht mehr in

die Kneipe gegangen, aber Bier hat Papa immer noch
getrunken.

Oma teilte ihm das Bier ein, er durfte nicht mehr als 5 Flaschen
am Tag trinken, wenn er Oma alle 14 Tage besuchte.

1971

In der Schule fand ich es noch immer doof.

Ich war jetzt in der 2. Klasse einer neuen Schule,in die auch
meine Freunde gingen. Den langen Weg gingen wir meistens
gemeinsam.

Im Rechnen verstand ich nicht wie die Kinder mit Bauklötzen
rechneten. So etwas gab es nicht in der alten Schule. Ich traute
mich auch nicht die Lehrerin zu fragen.

Auch schreiben und lesen konnte ich nicht gut. Manchmal
verschlief Mama morgens und ich kam zu spät in die Schule.
Alle anderen Kinder in der Klasse guckten dann und riefen: "Zu
spät gekommen, zu spät gekommen!" Das war mir sehr
unangenehm und ich wäre in solchen Momenten am liebsten im
Erdboden versunken. Im Unterricht träumte ich oft vor mir hin.

Oft hatte ich Blasenentzündungen und musste zum Arzt.

Im Unterricht hielt ich es meistens nicht aus bis zur Pause, um auf die Toilette zu gehen und ich wagte auch nicht die Lehrerin zu fragen, darum war oft meine Hose ein wenig nass.

Wenn ich dann auf die Toilette ging, schmerzte mich das Wasserlassen sehr, auch wenn nur ein paar Tröpfchen kamen.

Im Unterricht kam ich nicht mehr mit, weil ich so oft krank war oder zu spät komme.

Freunde hatte ich auch kaum in der Schule. Alle sahen mich komisch an, weil ich oft zu kurze Hosen trug oder unten ein Stück an genäht war, zum verlängern. Manchmal bekam ich von Tante Anne Kleidung, die ihr nicht mehr passte. Mama hat die dann geändert.

Auf dem Schulhof stand ich meist allein. Keiner spielte mit mir. Pausenbrot hatte ich auch nur selten mit. Manchmal hat mir meine Klassenkameradin Helga ein Stück von ihrem Brot abgegeben. Helga hatte genau wie ich auch nicht viele Freunde. Sie war Legasthenikerin und ihre Klassenarbeiten in Deutsch wurden nicht zensiert. Sie machte auch viele Fehler beim Schreiben, so wie ich.

Meine beste Freundin war Ursula. Ursula wohnte im Haus neben meiner Uroma Ganz und Omi Marga. Ursulas Mutter war

Sportlehrerin an der Waldorfschule. Ursula ging auch dort zur Schule.

Sobald wir von der Schule wieder zu Hause waren und zu Mittag gegessen hatten, holte ich sie ab und wir spielten mit den anderen Kindern auf dem Spielplatz.

Meistens hatten wir Tick gespielt, da gab es verschiedene Arten: Klettergerüsttick, Farbentick oder Automarkentick.

Wenn unsere gemeinsame Freundin Biggi Zeit hatte spielten wir Gummitwist. Oft turnten wir auch einfach nur auf den Klettergerüsten herum oder kletterten bei Ursula auf das Garagendach und beobachteten die Leute die vorbei gingen.

Gerdi unser Lebensretter

Direkt an den Spielplatz grenzte schon die Weide auf der die Kühe von Bauer Stolley weideten.

Wenn man über die erste Weide ging, kam man an einen kleinen Fluss, die Mühlenau. Im Sommer saßen wir oft an der Mühlenau, schauten ins Wasser und träumten.

Eines Tages ging ich mit Kristina an die Mühlenau und dort lag ein Floss vertaut! Das untersuchten wir gleich näher.

Wir probierten, ob das Floss uns trug, denn wir wollten nicht in das schmutzige Wasser fallen.

Hey, es trug uns!

Wir spielten Kapitän und ruderten mit abgebrochenen Ästen im Wasser herum. Dadurch löste sich das Band, mit dem das Floss an einem Zaunpfahl festgemacht war. Das Floss trieb mit uns in die Mitte des kleinen Flusses. Ängstlich versuchten wir mit den Ästen wieder an Land zu kommen,schafften es aber nicht. Wir wurden immer weiter abgetrieben.

"Hilfe, Hilfe!" riefen wir immer wieder.

Nach einiger Zeit hörte uns ein größerer Junge, der auf dem Spielplatz Fußball spielte. Er hieß Gerd und lief schnell zu uns. Auch ein Nachbar aus den anliegenden Grundstücken, Herr Tilkowski, hörte uns und kam zur Hilfe. Herr Tilkowski und Gerd riefen uns zu, wir sollen das Tau zu ihnen an Land werfen. Nach einigen erfolglosen Versuchen hat das dann auch geklappt. Gerd fing das Tau und zog uns mit Herrn Tilkowski zusammen an Land! Puh, da hatten wir Glück gehabt. Natürlich gab es hinterher Schimpfe von den beiden, aber die hatten wir wohl verdient. Der Schrecken saß tief! Wir waren froh, dass wir gerettet worden sind und fortan riefen wir immer wenn wir Gerd sahen: "Gerdi unser Lebensretter!"

Ich mochte Gerd und war ein klein wenig verliebt in ihn.

Blockflöte

Im Herbst spielten wir oft mit den anderen Kindern verstecken.
Die Hauswand von Ursulas Haus diente als Abschlag, dort
wurde auch gezählt. Meist kamen am späten Nachmittag so ca.
zehn Kinder, wobei Kristina und ich meist die Jüngsten waren.
Kaum wurde angefangen zu zählen, stoben wir in alle
Richtungen auseinander und versteckten uns. Natürlich nicht
nur auf dem Spielplatz, sondern auch in den angrenzenden
Gärten, hinter Hecken und auf Bäumen. Das war jeden Abend
ein Heidenspaß, denn wir spielten bis zum Einbruch der
Dunkelheit, oder bis unsere Eltern uns hereinriefen.
Manchmal hat Ursulas Mutter auch ein Feld auf die Straße vor
dem Haus gemalt und alle Kinder spielten unter ihrer Anleitung
zusammen Prellball.
Bei schlechtem Wetter war ich oft bei Ursula zu Hause. Im
Wohnzimmer stand ein Klavier und Ursulas Mutter und ihre
große Schwester Freya spielten ganz toll darauf. Ursula konnte

das auch ein wenig und hat mir den Flohwalzer beigebracht. Ursula spielte auch Blockflöte. Das lernte sie in der Schule. Ich fand das schön und versuchte das auch. Ursula zeigte mir die Griffe und immer wenn ich bei ihr war übte ich. Ich wünschte mir auch eine Blockflöte. Ursulas Mutter erzählte Mama, wie musikalisch ich war, denn zum nächsten Geburtstag bekam ich eine Blockflöte geschenkt! Ich war so glücklich! Endlich konnten Ursula und ich im Duett spielen und ich konnte bald schon richtig Noten lesen. Das konnte sonst keiner bei uns in der Familie.

Krankenhaus
1972

Immer muss ich zum Arzt. Jetzt gingen wir zu einem Urologen. Die Untersuchungen schmerzten immer. Ich wurde auch oft geröntgt. Der Urologe sagte mir, das ich sehr krank bin und ins Krankenhaus muss, damit ich wieder gesund werde. Drei Tage später war es soweit. Mama brachte mich ins Krankenhaus. Eine Schwester nahm Mama und mich in Empfang und brachte mich in ein Krankenzimmer, in dem noch andere kranke Kinder in ihren Betten lagen. Ich zog mir mein Nachthemd an und legte mich ins Bett. Mama verabschiedete sich von mir und ging nach Hause. Ich lag im Bett und weinte.

Die anderen Kinder trösteten mich und spielten ein wenig mit mir. Mir ging es nicht gut. Jeden Tag hatte ich Fieber. Mama durfte mich nur drei mal in der Woche besuchen. Manchmal ist auch ihr Freund, Onkel Schappi, mitgekommen. Er schenkte mir ein Buch. Das Buch heißt: Die kleine Hexe, geschrieben hat es Ottfried Preußler. Vorn im Buch hat Onkel Schappi eine Widmung für mich hinein geschrieben, damit ich schnell wieder gesund werde.

Ein kleines Stück aus dem Buch las Onkel Schappi mir vor, dann meinte er: "Versuch das Buch mal allein zu lesen."
Das versuchte ich. Ich kam nur ganz langsam vorwärts, weil ich ja erst in der 3. Klasse war und nicht so gut im lesen war. Die Zeit im Krankenhaus war nicht schön. Ich wartete immer auf Mama und weinte viel. Meistens unter der Bettdecke, die anderen Kinder sollten das nicht sehen. Nach der Operation ging es mir sehr schlecht, ich spuckte viel und mein Bauch schmerzte. Ich durfte nichts essen und trinken, dafür hatte ich eine Nadel im Arm. Die Schwester sagte da tropft mein Essen und Trinken rein.

Papa und Oma Hilde besuchten mich im Krankenhaus! Das war toll. Meine Schwester Kristina durfte mich nicht besuchen. Mama kam immer wenn Besuchszeit war. Sie durfte dann eine Stunde bleiben, dann kam eine Schwester und Mama musste wieder gehen. Meist weinte ich dann einen Moment, weil ich auch gern nach Hause wollte. Einmal kam auch meine Lehrerin, Frau Feuer, mich besuchen. Sie brachte mir einen Brief mit, den Helga geschrieben hatte. Helga hat sich viel Mühe gegeben ohne Fehler zu schreiben und ich freute mich darüber sehr.

Vier Wochen nach der Operation durfte ich wieder nach Hause. Mama arbeitete an diesem Tag und konnte mich nicht abholen. Mit einem Krankentaxi wurde ich zu meiner Uroma Ganz und Omi Marga gefahren. Uroma Ganz machte für mich ein leckeres Weißbrot mit viel Butter und Gänsebrust darauf, damit ich wieder ein bisschen zunahm.

Oma Ganz fand, dass ich viel zu dünn geworden war. Sie sagte: "Bei dir kann man ja die Rippen zählen".

Die Sommerferien waren inzwischen fast zu Ende und mein Zeugnis hat die Schule nach Hause geschickt. Es war nicht gut. Onkel Schappi besuchte uns nicht mehr. Schade. Ich fand ihn sehr nett.

Ich durfte wieder draußen spielen gehen, wenn auch nicht den ganzen Tag. Ich muss mich noch schonen hatten die Ärzte gesagt. Ich konnte auch noch nicht schnell rennen oder klettern, dann schmerzte mein Bauch noch.

Jeden Tag nahm ich Medikamente und trinken durfte ich nur Milch. Oma Hilde hat mir ein Wollhemd gestrickt, das ich immer anziehen muss, auch im Sommer. Das hat voll gekratzt.

Ins Bett machte ich trotzdem noch, zwar nicht mehr jeden Tag, aber sehr oft. Mama kaufte mir eine Gummihose, die ich nachts tragen muss. Die klebte immer auf der Haut. Ich bekam aber seltener Blasenentzündungen.

Olaf

Mama hatte einen neuen Freund!
Er heißt Olaf und ist ein bisschen nett, aber Onkel Schappi fand ich viel netter! Olaf brachte uns Schokolade mit als er zu Besuch kam. Nach ein paar Wochen zog Olaf bei uns ein.

Ich fand das ganz gut, weil Kristina und ich in das kleine Zimmer ziehen mussten und neue Möbel bekamen. Olaf kaufte die. Wir hatten jetzt ein neues Etagenbett, das quietschte nicht mehr so sehr. Olaf stellte seine Möbel in unser altes Zimmer. Das waren schöne Möbel. Die Couch konnte man ausziehen und dann wurde daraus ein großes Bett.

Seit Olaf bei uns wohnte war er nicht mehr nett, immer meckerte er. Wir mussten ständig aufräumen und durften unsere Kindersendungen nicht mehr im Fernsehen sehen, weil dann die Sportschau kam.

Zu Weihnachten bekamen Kristina und ich jeder eine Armbanduhr von Olaf geschenkt. Zuerst freuten wir uns darüber, aber jetzt mussten wir immer pünktlich um 18:30 Uhr zu Hause sein. Egal ob unsere Freunde noch spielen durften oder nicht.

Wenn wir mal nicht pünktlich waren und nur fünf Minuten zu spät, durften wir am nächsten Tag nicht draußen spielen und mussten im Zimmer bleiben. Früher rief Mama uns immer rein oder Omi Marga hat uns Bescheid gesagt wenn wir rein sollten, jetzt war alles plötzlich anders.

Hochzeit
1973

Mama und Olaf haben geheiratet, weil Mama ein Baby bekam! Ich freute mich darüber, weil Mama glücklich war.

Kristina und ich bekamen neue Kleider und es wurde eine große Hochzeitsfeier bei Uroma Ganz und Omi Marga im Garten vorbereitet. Dann war der große Tag da. Alle Verwandten kamen und wir fuhren zum Standesamt. Das Auto war hübsch geschmückt. Kristina und ich warteten mit unserer Tante Anne vor dem Standesamt. Alle freuten sich als Mama und Olaf wieder heraus kamen. Mama sah so hübsch aus in ihrem neuen Kleid. Es gab noch ein Glas Sekt und einen Korn für die Gäste, dann fuhren wir zu Omi, wo gefeiert wurde. Uroma Ganz hatte ein feines Essen gekocht und ganz viel Kuchen gebacken. Auch mein Lieblingskuchen Rehrücken war dabei. Alle tanzten und sangen ausgelassen. Auch mit Kristina und mir wurde getanzt das machte viel Spaß. Die Verwandten von Olaf lernten wir auch kennen. Wir hatten jetzt eine neue Oma Hilde, zwei neue Tanten Elli und Susi und einen Onkel Martin der nur 2 Jahre älter ist als ich. Mit Martin freundete ich mich schnell an. Alle Gäste brachten für Kristina und mich

Schokolade oder andere Süßigkeiten mit. Es war wie im Schlaraffenland. So viele Süßigkeiten bekamen wir sonst nie.

Urlaub in Spanien

Ein paar Tage nach der Hochzeit fuhren wir mit dem Zug in den Urlaub nach Castell de Fels an der spanischen Costa Brava. Olafs Mutter Hilde und sein jüngerer Bruder Martin fuhren auch mit. Die Zugfahrt dorthin dauerte sehr lange. 36 Stunden waren wir unterwegs, ehe wir endlich in unserem Hotel am Urlaubsort ankamen. Wir bekamen 3 nebeneinander liegende Doppelzimmer mit Balkon. Das Zimmer von Kristina und mir lag in der Mitte. Wir packten unsere Koffer aus und gingen danach in den Speisesaal zum Essen. Ich war das erste Mal in einem Hotel und fand die Kellner die uns bedienten sehr nett. Nach dem Essen setzten sich die Erwachsenen an die Hotelbar und wir Kinder schauten uns das Hotel genauer an. In der Bar gab es einen Billardtisch und ein Tischfußballspiel. Für 500 Peseten (damals die spanische Währung) bekam man 10 kleine weiße Bälle zum spielen. Kristina und ich spielten gegen

Martin, der etwas älter war und das Spiel schon kannte. So ging der erste Abend schnell herum.

Am nächsten Morgen, nach dem Frühstück packten wir unsere Badesachen ein und gingen zum Strand. Wir liefen ca. 300 m, dann waren wir am Meer. Es war sehr warm und der Sand am Strand so heiß, dass wir kaum barfuß laufen konnten, ohne uns die Füße zu verbrennen. Am Strand standen Palmen, die als Schutz vor der Sonne dienten. Das Wasser war warm und wir spritzten uns gegenseitig nass und tobten im Wasser herum. Uns gefiel das alles sehr gut. Am Strand gab es auch einen kleinen Eisladen, wo wir uns jeden Tag ein Eis kauften. Der Verkäufer konnte Deutsch nicht verstehen, so lernte ich die Worte auf Spanisch: Un Helado de Vainilla, por favor.

Da unser Zimmer neben dem von Martin lag verabredeten wir Kopfzeichen mit Martin. Wir klopften abends was das Zeug hielt, bis Mama kam und sagte das wir Ruhe geben sollten, weil sich andere Gäste im Hotel beschwert hatten. Schade grade jetzt wo das soviel Spaß machte.

Toll waren auch die Duschen im Hotel. Man konnte nur eine kurze Zeit warm Duschen, denn sonst waren die Boiler auf unserer Etage überfordert. Wer also zuerst auf dem Hotelzimmer war konnte heiß duschen, für die Anderen blieb nur noch eiskaltes Wasser. Was zur Folge hatte das wir , wenn wir vom Strand kamen immer einen Wettlauf veranstalteten. Oft hatten Kristina und ich das nachsehen.

Jeden Abend saßen Mama, Olaf und Hilde an der Hotelbar und tranken Bier oder Wein. Wir spielten Tischfußball. Manchmal wenn das Spiel zu lange dauerte und wir noch nicht alle Bälle verspielt hatten, wenn wir Essen gingen, nahmen wir einfach die Bälle mit, damit kein Anderer spielen kann. Nach einiger Zeit merkten das aber die Kellner und wir mussten die Bälle wieder ins Spiel zurücklegen.

Es gab neben dem Hotel ein kleines Geschäft, in dem es Orangeneis, in kleinen Plastikorangen gab. Nachdem wir unser Eis aufgegessen hatten, füllten wir die Becher mit Wasser und schraubten den Deckel wieder darauf. Von unserem Balkon aus warfen wir dann die mit Wasser befüllten Eisbecher auf den Weg vor dem Hotel und versteckten uns danach, damit uns niemand sah. Das machte uns diebischen Spaß, vor allem, wenn Passanten unten gingen.

Ein Brüderchen

Mamas Bauch wurde immer dicker. Kristina und ich bekamen Babypuppen und übten fleißig Windelwechseln. Mama hörte auf zu arbeiten. Am Silvestertag wurde mein kleiner Bruder Timo geboren. Wir fuhren am nächsten Tag mit Olaf in die Klinik und durften Timo sehen. Oh war der süß! So kleine Hände und Füßchen.

Mama kam nach ein paar Tagen mit Timo nach Hause. Timo brüllte viel, aber es war toll einen kleinen Bruder zu haben. Mama hatte nun etwas mehr Zeit für uns Kinder, aber wenn Olaf zu Hause war, gab es Streit. Irgend etwas hat ihm nie gepasst.

Sehr oft war unser Zimmer nicht aufgeräumt, wenn er von der Arbeit kam, oder wir waren nicht pünktlich um 18:30 Uhr zum Abendbrot zu Hause, ich hatte meine Hausaufgaben nicht gut genug gemacht, oder noch gar nicht. Unsere Ranzen wurden jeden Tag von Olaf kontrolliert und wehe es war ein Eselsohr im Heft oder wir hatten nicht sauber genug geschrieben. Dann hieß es: STUBENARREST oder Taschengeld gestrichen oder beides. Meist beides! Oft musste ich das ganze Heft noch einmal in Schönschrift abschreiben. Kristina und ich hatten Angst vor Olaf. Wenn die Lehrerin Fehler angestrichen hatte, mussten wir die Hausaufgaben vom Vortag nochmal machen plus die Aufgaben die wir an dem Tag aufhatten. Schlechte Note im Diktat? Dann musste ich nicht nur wie von der Lehrerin aufgegeben, die Fehler noch einmal korrigieren, sondern das ganze Diktat fein säuberlich ins Heft schrieben. Fehler beim Abschreiben? So oft schreiben bis alles Fehlerlos war. Ich hatte kaum noch Zeit zum Spielen. Ständig überlegte ich, welche Strafe mich erwartete, wenn Olaf nach Hause kam. Fand er nichts womit er mich bestrafen konnte, suchte er solange bis er etwas fand.

Ich mochte nicht mehr zu Hause sein.

Meine Freunde wollten nicht mehr bei uns zu Hause spielen, weil ständig schlechte Stimmung herrschte. Zudem schmiss Olaf meine Freunde immer raus, sobald er zu Hause war.Kristina und ich mussten bleiben und die nächste Bestrafung folgte. Oft hatte ich wochenlang Stubenarrest. Mama hat das entweder nicht mitbekommen, oder sie wollte das nicht sehen. Ich hatte das Gefühl ich war ihr egal.

Trost von ihr? Pustekuchen.

Ich hasse Olaf.

Mama und Olaf stritten sich oft, wenn sie abends im Wohnzimmer waren und noch Bier oder Weinbrand tranken.

Meist ging es dann um mich oder Kristina. Olaf hat Mama auch öfter geschlagen. Ich lag dann still im Bett und hatte Angst, denn ab und zu hatte Olaf auch mich schon geschlagen.

Nachts auf der Straße

Eines Nachts nachts wurden Kristina und ich aus dem Bett gerissen von Olaf. Er schrie uns an: "Geht eure Mutter suchen, die treibt sich wieder irgendwo herum!" Kristina und ich drückten uns ängstlich aneinander. Ehe wir uns bewusst waren was geschah, standen wir schon auf der Straße.
Barfuß und im Nachthemd.
Wir hatten keine Jacke an und froren. So standen Kristina und ich vor der Tür und weinten. Es war dunkel draußen. Wir hatten große Angst. Ich sagte zu Kristina: "Komm, wir sehen nach ob Mama vielleicht in der Gastwirtschaft gegenüber ist." Kristina nickte. Auch in der Gastwirtschaft war schon alles dunkel. Wir versuchten durch die Fenster zu sehen. Es war niemand zu sehen. Die Tür war verschlossen.

Als ein Auto kam, versteckten wir uns an einer Hausecke, weil wir ja nur Nachthemden anhatten und nicht gesehen werden wollten. Unsere Füße waren inzwischen schon eiskalt. Kristina weinte immer noch und als ältere Schwester versuchte ich sie zu trösten: "Wir finden Mama bestimmt bald!" Ich überlegte was wir machen sollten. Nach Hause konnten wir nicht gehen, ohne wieder Olafs Zorn auf uns zu ziehen und Mama war nirgends in Sicht.

Uns klapperten die Zähne vor Kälte. Ich beschloss zu unserer Omi zu gehen. Wir erreichten das Haus von Omi ohne das uns jemand sah. Ich wollte erst nicht klingeln, weil dort auch alles dunkel war und alle schliefen. Wir konnten aber auch nicht auf der Straße bleiben. Mutig klingelte ich doch.

Nach einer halben Ewigkeit (mir kam es so vor) machte Uroma Ganz uns im Morgenmantel die Tür auf. Sie war überrascht und entsetzt Kristina und mich weinend mitten in der Nacht, im Nachthemd vor der Tür zu sehen. Sie holte uns schnell herein. Wir bekamen ein warme Decke und eine Wärmflasche für die Füße. Ich erzählte ihr, als ich mich beruhigt hatte, was passiert war. Uroma Ganz glaubte das kaum und sagte immer wieder: „Ich dachte Olaf ist ein so lieber Mensch!" Zum ersten Mal berichtete ich was bei uns Zuhause abgeht. Das Olaf Mama und auch uns schlug. Irgendwann als auch Kristina ihr dies bestätigte, glaubte sie uns. Uroma Ganz ging zum Telefon und rief Mama an. Mama kam und hat uns mit nach Hause genommen. Ich fragte Mama ob sie sich von Olaf scheiden lassen will, ich bekam keine Antwort auf diese Frage.

Zu Hause war von Olaf nichts zu sehen.

Olaf tat diese Geschichte immer als Lügen von Kristina und mir ab. Er erzählte allen, das wir uns das alles nur ausgedacht haben.

Von da an erzählte ich niemandem mehr was bei uns zu Hause passierte. Auch Papa nicht. Es würde uns sowieso niemand glauben, weil Olaf immer den netten Stiefvater gespielt hat wenn Besuch da war. Nur wenn wir allein waren lies Olaf seine freundliche Maske fallen.

Ein paar Tage war Olaf danach nett zu uns, dann ging alles wieder von vorne los. Willkürliche Bestrafungen, wie Stubenarrest wochenlang, Taschengeldentzug. Die bloße Anwesenheit von mir reichte und Olaf hatte schlechte Laune. Ständig hatte ich Angst. Allein wenn Olaf nur die Tür zu unserem Zimmer aufriss, zuckte ich schon zusammen. Ein nettes Wort gab es nie. Mit der Zeit wusste ich aber wie ich "Schönwetter" bei ihm machen konnte: Ich fragte ihn beim Abendbrot um Rat bei Rechenaufgaben oder anderen Themen. Dann war Olaf nett und erklärte, wenn ich dann noch nachfragte und interessiert tat, bekam er sogar mal gute Laune! Zumindest dann hatten wir mal einen Abend Ruhe vor ihm.

Olaf entführt Kristina

Schon bald eskalierte der Streit zwischen Mama und Olaf aber wieder. Eines Abends riss Olaf Kristina und mich wieder aus dem Bett. Olaf war total wütend, zerriss reihenweise meine Bücher, weil er wusste das ich gerne las. Er hatte sich angewöhnt gezielt die Dinge kaputt zu machen die mir etwas bedeuteten. Er tobte, schrie, räumte die Kleiderschränke aus, schmiss alles durch die Gegend, zerrte mich am Arm, ich sollte aufräumen. Das Kinderzimmer sah aus wie auf dem Schlachtfeld und schlaftrunken wusste ich nicht was ich zuerst wegräumen sollte. Ich war total verstört. Als ich nicht schnell genug mit dem aufräumen anfing, holte er aus und gab Olaf mir einen Tritt mit dem Fuß das ich durch das halbe Kinderzimmer flog und mit dem Kopf an den Ofen knallte. Ich blieb erst mal völlig benommen liegen.
Man tat das weh!.
Als ich wieder aufstand bekam ich eine Ohrfeige und ein harten Schubs gegen die Wand. Mama hatte er vorher auch schon verprügelt. Sie kam mir zur Hilfe und stellte sich zwischen mich und Olaf. Olaf schrie herum, packte dann Kristina bei den

Haaren und zerrte sie aus ihrem Bett und aus der Wohnung. Er setzte sie ins Auto und fuhr betrunken mit Kristina weg!

Ich hatte Riesenangst um meine Schwester. Ich dachte Olaf bringt sie um. Mama rief in ihrer Not die Polizei und zeigte Olaf an. Wegen Kindesentführung. Die Polizei hat dann nach Olafs Auto gesucht und ihn auch schnell gefunden. Nach 2 Stunden wurde Kristina von zwei netten Polizisten wieder nach Hause gebracht. In der Zwischenzeit hat Mama mich in den Arm genommen und getröstet, das hat sie sonst nie gemacht. Ich war so froh Kristina gesund zu sehen! Mit mir sprachen die Polizeibeamten auch. Da ich starke Kopfschmerzen hatte, wurde ich zur Untersuchung ins Krankenhaus gebracht. Ich hatte eine Gehirnerschütterung, durfte aber wieder mit nach Hause. Olaf muss die Nacht in einer Gefängniszelle verbringen. Sein Führerschein war auch weg. Selber schuld.

Leider nahm Mama die Anzeige später zurück und so bekam Olaf keine Strafe wegen der Entführung von Kristina.

Zündeln

Eines Abends, Mama und Olaf waren einkaufen, hatte ich die Idee im Garten eine Hütte zu bauen. Kristina war sofort begeistert, so zogen wir los Materialien zu besorgen. Im Keller wurden wir fündig. Alte große Kunststoffbilder die früher mal unser Kinderzimmer zierten, waren groß genug.

Da es schon dunkel draußen wurde sagte ich zu Kristina: "Wir brauchen eine Kerze und Streichhölzer, ich hole die Sachen schnell aus der Wohnung"

Nachdem ich alles gefunden hatte vergaß ich den Schlüssel mit zu nehmen und die Wohnungstür schlug ins Schloss. Oh je, das gibt wieder Ärger mit Olaf, dachte ich, denn eigentlich hatte ich wieder einmal Stubenarrest. Mein schlechtes Gewissen meldete sich. Ach egal, dachte ich, Ärger gibt es so oder so.

Ich lief hinaus in den Garten. Kristina wartete schon auf mich. Wir hatten uns warme Mäntel angezogen und unsere Fellmützen auf, trotzdem war es noch ein wenig kalt. "Hast du alles," fragte Kristina mich. "Ja," antwortete ich, "lass uns anfangen".

Wir stellten die beiden großen Bilder über Eck auf und kauerten uns dahinter. Der Wind wehte heftig, sodass wir viele Streichhölzer brauchten bis die Kerze brannte. Unsere Hände wurden kalt und wir wärmten sie uns an der kleinen Flamme der Kerze. Kristina beugte sich über die Kerze. Plötzlich fing ihre Mütze Feuer! Sie merkte das gar nicht und ich versuchte das Feuer auszupusten, was aber nicht klappte. "Deine Mütze brennt!" schrie ich. Fieberhaft überlegte ich was ich tun könnte. Wasser zum löschen hatte ich ja nicht. Ich schubste Kristina auf den Rasen und warf mich mit meinem Oberkörper über sie. Kristina strampelte und wehrte sich, aber das Feuer war aus. Schreckensbleich saßen wir beide auf dem Rasen. "Was machen wir jetzt? Mama und Olaf merken das meine Mütze gebrannt hat wenn die nach Hause kommen." überlegte Kristina. "Wir verstecken die Mütze einfach im Keller, dann merken die nichts", antwortete ich. Wir räumten alles auf und versteckten die Mütze unter einem Stapel alten Holz im Keller. Als Mama und Olaf nach Hause kamen logen wir, das wir Spielsachen aus dem Keller holen wollten und dabei die Tür ins Schloss gefallen ist.

Ein Strafplan

Olaf hat sich etwas neues ausgedacht. Er hängte einen
Wochenplan in unser Zimmer. Dazu erklärte er:" Wenn ihr zu
spät kommt, euer Zimmer nicht aufgeräumt, schlechte
Zensuren schreibt, oder eure Hausaufgaben nicht gemacht
sind, bekommt ihr ein Kreuz in den Plan. Bei drei Kreuzen habt
ihr 1 Tag Stubenarrest."
Zuerst waren Kristina und ich auch einverstanden mit diesem
Plan, aber die Kreuze türmten und sammelten sich bei mir,
sodass ich überhaupt nicht mehr draußen spielen durfte.
Manchmal bekam ich an einem Tag 3 oder 4 Kreuze.
Trotzdem hielt Olaf an diesem Plan fest. Ich hatte also nicht nur
wochenlang Stubenarrest, sondern meine Freunde durften mich
in dieser Zeit auch nicht besuchen.

Uroma Ganz

Im April kam meine Uroma Ganz für ein paar Tage mit einem leichten Herzinfarkt ins Krankenhaus. Sie sollte schon wieder entlassen werden, aber ich wollte sie gerne noch besuchen im Krankenhaus. Mama erzählte ich nichts davon, weil sie es mir wohl verboten hätte. So kaufte ich einen hübschen kleinen Blumenstrauß und fuhr mit dem Fahrrad zum Krankenhaus. Oma hat sich sehr gefreut und stellte mich Schwestern als ihre Lieblingsenkelin vor. Ich war sehr stolz und froh über diesen guten Einfall. Uroma Ganz war immer sehr lieb zu mir und hat mir beigebracht wie man häkelt und strickt. Sie spielte auch sehr gern Karten. Wenn ihre Freundinnen zu Besuch waren, zum Karten kloppen wie sie es nannte, durfte ich oft zusehen und ab und zu durfte ich sogar mitspielen. Eine ihrer Freundinnen Frau Lüdtke hat mir dann geholfen. Ich liebte Oma Ganz. Sie war immer nett zu mir, hat mir viel erzählt, von der Flucht im Krieg. Ich fand das immer spannend und hörte gern zu. Bei Oma Ganz bekam auch immer ein Stück Kuchen und Brause wenn ich durstig war. Da sie gegenüber des Spielplatzes wohnte, war ich fast jeden Tag bei ihr.

In der gleichen Nacht nachdem ich Oma Ganz im Krankenhaus besuchte, bekam Oma Ganz dann noch einen Herzinfarkt und ist gestorben.

Ich war sehr, sehr traurig und weinte viel. Zur Beerdigung durfte ich leider nicht mitgehen. Dabei wäre ich so gern mit in die Kirche gegangen. Danach war es immer komisch Omi Marga zu besuchen, denn Uroma Ganz`s Wohnung war da, aber sie kam nicht mehr um mich zu begrüßen. Ich hatte viel von ihr gelernt und vermisse sie heute noch.

Reiterhof und Diebstahl

Sabine, eine Schulfreundin von mir, hatte Reitstunden auf einem Reiterhof in der Nähe. Ich ging ein paar mal mit um zu zusehen und irgendwann fragte mich ihr Reitlehrer ob ich auch einmal reiten möchte. Er setzte mich auf ein Pferd und führte das Pferd mit mir darauf eine Runde durch die Halle! Mir gefiel das sehr. Ich wollte auch gern reiten lernen. Zuhause fragte ich dann Mama, als Olaf nicht dabei war, ob ich reiten lernen darf. Mama gab mir ausnahmsweise Geld, 5,50 DM für eine Reitstunde.
Glücklich fuhr ich mit dem Fahrrad gleich am nächsten Tag zum Reiterhof. Diesmal ritt ganz allein auf dem Pferd! Es war toll.

Von diesem Tag an, war ich jeden Nachmittag auf dem
Reiterhof, schaute den anderen Kindern beim reiten zu, fegte
den Stall aus, mistete die Pferdeboxen aus und lernte wie man
ein Pferd putzt und sattelt.

Mama konnte mir nur selten Geld für Reitstunden geben, also
nahm ich mein Taschengeld dafür.
Alle zwei Wochen konnte ich eine Reitstunde bezahlen, wenn
Olaf mir nicht mein Taschengeld strich und das kam sehr oft
vor.
Olaf verbot mir auf den Reiterhof zu gehen, weil ich schlechte
Noten in der Schule hatte und der Strafplan immer voll war.
Trotzig ging ich trotzdem hin.
Um 17 Uhr wenn Olaf von der Arbeit kam, war ich immer zu
Hause, damit er nicht merkte, dass ich mich weggeschlichen
hatte. Stubenarrest hatte ich eigentlich immer. Wenn ich
unterwegs war hatte ich auch immer ein schlechtes Gewissen,
weil ich ja eigentlich gar nicht weg durfte.
Ich ging in die vierte Klasse und brachte immer Vieren und
Fünfen mit nach Hause. Am schlechtesten war ich in Deutsch.
In den Diktaten hatte ich immer eine fünf, egal ob ich vorher
übte oder nicht. Ich konnte beim Schreiben nicht mithalten,
wenn die Lehrerin Frau Bergmann diktierte und lies die Wörter,
die ich nicht verstand, einfach aus.

Jeden Tag schlich ich zum Reiterhof, was mir wieder Ärger mit Olaf einbrachte.

Bald war es soweit, dass ich für Monate kein Taschengeld bekam und drei oder vier Wochen Stubenarrest hatte und in meinem Zimmer sitzen musste. Ich erledigte auch keine Hausaufgaben mehr, denn ich machte ja sowieso immer alles falsch.

Meine Freundinnen besuchten mich nicht mehr, weil inzwischen alle Angst vor Olaf hatten, denn wenn Olaf von der Arbeit kam und noch Kinder bei uns waren, schmiss er die aus der Wohnung. Ursula besuchte mich auch nur noch selten.

Neidisch schaute ich auf Kristina, die viel besser in der Schule war als ich und fast nie bestraft wurde.

Auch meine Freundinnen hatten alle ein schönes Zuhause und ich beneidete sie.

Da Olaf mir mein Taschengeld gestrichen hatte und ich aber trotzdem reiten gehen wollte, wie meine Freundin Sabine fragte ich Omi Marga ob sie mir Geld dafür geben konnte. Sie hatte auch nicht so viel Geld und gab mir 2 DM. Das reichte nicht und ich überlegte wie ich das Geld für eine Reitstunde auftreiben konnte.

Dann fiel mir Olafs Sparschwein ein, in das er immer sein Kleingeld steckte. Ich nahm das Sparschwein in die Hand und versuchte durch den Schlitz zu spähen. Ich sah lauter 1 DM und 50 Fünfzigpfennigstücke darin glänzen. Ich schüttelte das Sparschwein und plötzlich viel ein 50 Pfennigstück heraus. Ich freute mich. Dann schüttelte ich noch ein paarmal und auch dann vielen noch 3 Markstücke und ein 2 Markstück heraus. Juhu, ich hatte das Geld für eine Reitstunde! Sofort zog ich mich an und fuhr mit dem Fahrrad los. Mein schlechtes Gewissen, beruhigte ich damit das ja so viel Geld im Sparschwein war, dass Olaf es gar nicht bemerken würde. Außerdem nahm er mir ja mein Taschengeld auch weg. So machte ich das fortan jede Woche.

Mir war es egal ob ich ärger mit Olaf bekam, weil ich mich wegschlich. Ärger gab es sowieso immer, egal was ich tat und wenn ich zu Hause war bevor Olaf nach Hause kam, war alles gut.

Dann kam der Tag wo Olaf sein Sparschwein öffnete und sein gespartes Geld zählte und in Papierhülsen rollte. Er merkte das da Geld fehlte. Sofort hatte er mich in Verdacht, was ja auch stimmte.

Er kam ins Zimmer und schrie:"Wer hat Geld aus meinem Sparschwein genommen?" Ich wagte mich nicht zu sagen, dass ich der Übertäter war und so verpetzte Kristina mich.

Ich bekam links und rechts Ohrfeigen, Olaf tobte und schrie mich an, dann fing er wieder an alle meine Spielsachen und Bücher herum zu werfen, trampelte darauf herum und zerriss meine Bücher die ich mühevoll nach seinem letzten Wutanfall mit Tesafilm geklebt hatte. Ich wurde durch das Zimmer geschubst und getreten, bis ich anfing zu weinen. Dann erst lies er von mir ab, drehte sich um und knallte die Zimmertür hinter sich zu. Natürlich nicht ohne vorher zu sagen das ich bis auf weiteres Stubenarrest hatte und kein Taschengeld mehr bekomme, bis ich ihm das Geld zurückgezahlt hatte.

Okay, das hatte ich wohl verdient, trotzdem hätte er nicht alle meine Sachen zerstören dürfen. Vor allem nicht meine Lieblingsbücher, denn inzwischen war ich eine ausgesprochene Leseratte geworden, weil ich ja immer Stubenarrest hatte und mich irgendwie beschäftigen musste. Ich besaß viele Bücher. Am liebsten las ich die Bücher von Dolly, einem Mädchen das in ein Internat geschickt wurde, oder Pferdebücher. Ich bin auch oft in der Jugendbücherei gewesen und lieh mir dort Bücher zum lesen aus. Später gehörten auch die Bücher von Hanni und Nanni zu meiner Lieblingslektüre.

Hamster Goldie

Ich hatte Geburtstag!

Alle meine Freundinnen und auch meine Cousine Iris lud ich
ein. Ich bekam viele Geschenke, aber eines gefiel mir
besonders: Ich bekam von Iris einen Goldhamster geschenkt!
Ich nannte ihn Goldie. Er war ganz zahm und biss mich
überhaupt nicht. Ich kuschelte viel mit ihm. Besonders niedlich
fand ich wenn er sich seine Hamsterbacken vollgepackt hatte.
Ich lies Goldie oft auf dem Wohnzimmertisch laufen, da
knabberte er immer die Blumen in der Blumenvase an. Goldie
war sehr mutig, gerne sprang er einfach vom Tisch auf den
Sessel und dann auf den Fußboden. Ich fing ihn dann wieder
ein. Nur einmal hab ich ihn nicht einfangen können. Er war so
flink, dass er mir aus den Händen flutschte und sich schnell
hinter dem Ofen versteckte. Wie gut das der Ofen grade nicht
brannte. Goldie machte sich flach und kletterte zwischen Blech
und Ofenrohr! Ich holte Mama, weil der Hamster von allein nicht
wieder heraus kam. Mama versuchte mit einer Taschenlampe in
den schmalen Spalt zu schauen, konnte Goldie aber nicht
entdecken, aber hörten wie er immer weiter kletterte.
„Hoffentlich klettert Goldie nicht in das Ofenrohr" sagte sie. Ich
fing an zu weinen – oh nein – wie sollten wir ihn da wieder

herausbekommen? „Die Platte hinter dem Ofen ist angeschraubt", sagte Mama und holte einen Schraubenzieher um die Platte abzuschrauben. Die erste Schraube hatte sie schon gelöst, da hörten wir ein kratzen. Goldie konnte sich nicht mehr festhalten und rutschte aus dem Zwischenraum. Da saß er nun, total schwarz vor Ruß! Ich fing ihn schnell ein. „Jetzt hast du einen schwarzen Hamster", sagte Mama, „wir nennen ihn jetzt statt Goldie – Schwarzi". Den Ruß mit einem Taschentuch abwischen klappte nicht. Darum badete ich Goldie in warmem Wasser und rubbelte ihn danach vorsichtig trocken. Eingekuschelt in einem trockenen Handtuch durfte Goldie bei mir sitzen, bis er ganz trocken war und wieder in seinen Käfig konnte.

Kristina und ich spielten viel mit Goldie.

In unserem Zimmer hatten wir auch einen alten Plattenspieler mit 3 Geschwindigkeitsstufen 78, 45 und 33. Manchmal setzten wir Goldie auf den Plattenteller und stellten den Plattenspieler an. Zuerst auf Stufe 33. Da lief Goldie immer in der Runde. Das sah putzig aus! Dann stellte ich den Plattenspieler auf die Stufe 45, da begann Goldie ein wenig zu rutschen, bei Stufe 78 rutschte er, nein, er flog vom Plattenteller! Hui ein fliegender Hamster. Ein sehr lustiges Spiel.

Im Sommer durfte Goldie auch mit nach draußen. Ich nahm ihn mit zu Ursula und setzte ihn bei ihr im Vorgarten ins Gras und legte ihm Löwenzahn zum fressen hin. Löwenzahn fraß Goldie besonders gern. Damit Goldie nicht weglaufen konnte hatte ich einen Bastkorb über ihn gestülpt. Ursula und ich spielten in der Zwischenzeit Gummitwist. Als wir keine Lust mehr hatten, wollte ich Goldie holen und nach Hause gehen. Ich nahm den Korb hoch – ach du Schreck! Goldie war nicht mehr da. Der Hamster hatte ein Loch in den Korb geknabbert und war ausgerissen. Ursula und ich suchten stundenlang den Vorgarten ab. Goldie fanden wir aber nicht. Ich nahm den Korb, ging traurig zu Mama und erzählte ihr, dass Goldie weggelaufen war. Auch Mama ging noch einmal mit und suchte nach Goldie, fand ihn aber auch nicht. Mit hängendem Kopf lief ich nach Hause und hoffte das es Goldie gut ging. In der nächsten Woche schaute ich immer wieder im Vorgarten bei Ursula nach, ob ich Goldie nicht irgendwo finden konnte.

Nach 3 Wochen, als ich auf dem Spielplatz spielte, rief Ursulas Mutter mich. Sie sagte sie hätte eine Überraschung für mich. Freudig ging ich mit ihr ins Haus. Da stand in der Küche ein alter Vogelkäfig und darin saß – GOLDIE!

Ursulas Mutter erzählte mir, das sie im Keller Geräusche hörte und dachte das sind Mäuse. Sie sah nach und fand Goldie wie er sich über die Kartoffeln, die im Keller lagerten, hermachte.

Sie fing Goldie ein und setzte ihn in den alten Käfig.

So ein kleiner Racker! Ich freute mich sehr und konnte kaum
glauben das ich so ein Glück hatte.

Ich passte jetzt besser auf Goldie auf. Wenn ich ihn mit nach
draußen nahm bekam er eine kleine Leine aus Gummiband um
den Hals, damit ich ihn festhalten kann. Wenn Goldie weglaufen
wollte, zog ich ihn einfach an der Leine wieder zu mir.

Kristina kam auf die Idee Goldie an der Gummibandleine aus
dem Fenster hüpfen zu lassen. Ich machte Goldie die Leine um
und Kristina lies ihn aus dem Fenster hüpfen, ich stand unten
und fing ihn ein. Wir fanden das Spiel ganz lustig. Bangee-
Jumping für Hamster!

Da Goldie Angst dabei hatte, spielten wir dieses Spiel nur
einmal.

Jugendbücherei und Frau Bergmann

Glücklich war ich zu Hause schon lange nicht mehr und so
nutzte ich jede Gelegenheit um mich wegzuschleichen. Immer

wieder vergriff ich mich an Olafs Spardose, natürlich gab es ständig Riesenkrach, Prügel, kaputte Spielsachen, aber das war mir mittlerweile völlig egal.

Ich dachte trotzig, dass Olaf selber schuld hat. Wenn Olaf so mit mir umging, verdiente er nichts besseres.

Nie wieder heulte ich, wenn er mich schlug! Diesen Triumph wollte ich ihm nicht mehr gönnen. Lieber ertrug ich die Schläge. Ich hasste Olaf aus vollem Herzen und wünschte mir er wäre tot.

Nach der Schule ging ich nicht mehr nach Hause, sondern wartete bis die Bücherei um 14 Uhr aufmachte und verbrachte meine Nachmittage dort. Ich half bei der Reinigung der Bücher und beim sortieren. In der Bücherei waren alle nett zu mir. Ich bekam Anerkennung für meine Hilfsbereitschaft und alle freuten sich das ich mit 10 Jahren schon so eine große Leseratte war. Ich war auch das einzige Mädchen das sich dort den ganzen Nachmittag herum trieb bis um 17 Uhr die Bücherei geschlossen wurde.

Das waren schöne Tage. Den Ärger zu Hause konnte ich dort hinter mir lassen.

Dann kam der Tag als mich meine Deutschlehrerin Frau Bergmann zur Seite nahm und mit mir sprechen wollte. Meine Diktate waren immer noch schlecht und inzwischen hatte ich sogar eine 6 bekommen. Sie hatte bemerkt das ich immer stiller wurde und keine Freunde hatte. Sie fragte mich was mit mir los ist. Den genauen Wortlaut weiß ich nicht mehr, aber plötzlich brach es aus mir heraus:

Ich erzählte ihr unter Tränen das Mama nie Zeit hatte um mir zu helfen, dass wenn Olaf mir etwas beibringen wollte der ständig ausgerastete wenn ich seine Erklärungen nicht verstand, dass Olaf mich ständig bestrafte (das ich Geld geklaut hatte lies ich weg, dass wäre zu peinlich gewesen), immer Hausarrest hatte, Ohrfeigen bekam und so weiter.

Frau Bergmann nahm mich in die Arme und tröstete mich! Das hatte schon lange niemand mehr getan.

Sie machte mir den Vorschlag das ich, wenn der reguläre Unterricht beendet war noch bleibe und mit ihr in den Unterricht von anderen Klassen gehen sollte und sie mir zwischendurch wenn sie Zeit hatte bei den Hausaufgaben helfen würde. Ich nahm den Vorschlag gerne an. Endlich hörte mir mal jemand zu und ich spürte das Frau Bergmann mich mochte.

Ich wollte sie auch keinesfalls enttäuschen und schon im nächsten Diktat bekam ich eine 2! Mir gab sie mein Heft in dieser Stunde zuletzt zurück und lobte mich vor der ganzen Klasse. Ich war stolz.

Mama ging mit mir zum Augenarzt, weil ich Frau Bergmann auch erzählt hatte, das ich nicht lesen konnte was an der Tafel stand. Von da an musste ich eine Brille tragen.

Zuerst fand ich die Brille gut, weil ich alles sehen konnte, aber nach einiger Zeit begannen mich meine Klassenkameraden zu hänseln und riefen mich: "Brillenschlange".

Meine Noten wurden immer besser in der Schule. Leider war das gegen ende des Schuljahres und ich musste trotzdem die 4. Klasse wiederholen.

Im darauf folgenden Schuljahr hatte ich, egal in welchem Fach, nur noch Einser und Zweien, die schlechteste Note war mal eine drei. Plötzlich konnte ich alles, ohne dafür lernen zu müssen. Ich freute mich sehr darüber, denn inzwischen hatte ich einen großen Wunsch: ich wollte Bibliothekarin werden und auf die Realschule gehen.

Frau Bergmann erkundigte sich immer wenn sie mich sah wie es mir ging und ich erzählte ihr freudestrahlend von meinen guten Schulnoten.

Trotz meiner besseren Schulnoten wurde es nicht besser zu Hause. Olaf triezte mich wo er nur konnte und ich wurde immer trotziger und versuchte es ihm auf meine Weise heimzuzahlen, indem ich niemals auf das hörte, was er sagte.

Ich stellte meine Ohren auf Durchzug und dachte höchstens:
Leck mich am...... oder: Du kannst mich mal!

Am Ende der vierten Klasse stand der Schulwechsel an und ich
flehte Mama an, das ich auf die Realschule gehen wollte. Frau
Bergmann, inzwischen Konrektorin, kannte meine schulischen
Leistungen und meinte auch das ich das schaffe. Aber Mama
sagte nein! Ich heulte Rotz und Wasser, weil ich doch für
meinen Berufswunsch den Realschulabschluss brauchte. Zum
Trost sagte mir Frau Bergmann, das ich, wenn meine
Leistungen so blieben, auch am ende der fünften Klasse auf die
höhere Schule wechseln könnte. Ich war ein wenig beruhigter,
wusste aber, dass ein Schulwechsel mitten in der
Orientierungsstufe fast unmöglich war.

Wieder einmal stand ich da und fragte mich ob Mama mich
überhaupt lieb hatte.

Ich fing an mir meine eigene schöne Welt zu erträumen, wie in
meinen geliebten Geschichten von Enid Blyton, Dolly und Hanni
und Nanni, in der ich, im Internat, viele Freundinnen hatte,
Klassensprecherin war und gute Schulleistungen erbrachte.
Meine Mutter und Olaf blendete ich völlig aus. Ich hielt diese

unterschwellig, vergiftete Atmosphäre zu Hause einfach nicht
mehr aus.

Erwischt!

Ab und zu traf ich mich auch mit Olafs Bruder Martin. Es war
kurz vor Silvester und Martin wollte sich Böller kaufen. Wir
fuhren im dem Bus in ein Einkaufszentrum.
Ich hatte, wie immer, kein Geld. Wir sahen uns im Kaufhaus um
und kamen an ein Regal in dem Miniaturschnapsflaschen
standen. Ich hatte die schon bei Olaf gesehen und dachte mir,
dass wäre doch ein tolles Geschenk für Olaf. Damit könnte ich
ihn sicher ein bisschen netter stimmen.
Ich fragte Martin, ob er mir ein wenig Geld ausleihen kann.
Martin hatte nur noch das Busgeld für die Rückfahrt. So stand
ich vor dem Regal. Ich wollte doch so gerne Olaf ein kleines
Fläschchen schenken.
Ich sah mich um, in der Nähe war niemand. Also steckte ich mir
einfach ein Schnapsfläschchen in die Tasche.

Sofort danach kam ein Verkäufer auf mich zu. Er fragte mich, was ich da grade in die Tasche gesteckt hatte. Ich bekam einen hochroten Kopf.

Scheiße, erwischt, dachte ich.

Martin schaute mich an und sagte: „Du hast doch wohl nicht das Fläschchen einfach eingesteckt?"

»Doch«, schluchzte ich, den Tränen nahe, denn ich wusste ja was jetzt zu Hause wieder auf mich zukommen würde.

Der Verkäufer nahm uns mit in ein Büro. Dort notierte er unsere Namen und sagte uns, dass meine Eltern jetzt 50 DM Strafe zahlen müssen. Danach muss wir das Kaufhaus verlassen und erhielten Hausverbot. Ich weinte. Mir war das so peinlich. Wir fuhren mit dem Bus zu Martin und ich beichtete meiner Stiefoma, was ich angestellt hatte. Ich weinte und flehte sie an Mama und Olaf nichts davon zu erzählen. Ich versprach ihr nie wieder zu stehlen. Meine Stiefoma bezahlte die 50 DM Strafe für mich. Ich umarmte sie und war überglücklich, dass sie meine Missetat für sich behielt.

Umzug

Da es in der kleinen Wohnung zu eng wurde, mussten wir umziehen. Ich war inzwischen 12 Jahre alt und mir gefiel das gar nicht, weil ich meine Freundin Ursula und all die anderen Spielkameraden zurücklassen musste. Auch Omi Marga konnte ich nicht mehr besuchen, weil die neue Wohnung in einem ganz anderen Stadtteil lag. Es war eine schöne Wohnung, ein Neubau. Die Wohnung hatte 3, 5 Zimmer. Timo bekam ein eigenes kleines Zimmer und Kristina und ich teilten uns wieder ein Zimmer. Wir bekamen neue Möbel und unser Zimmer wurde hübsch tapeziert, mit einer ganz modernen Tapete, mit grün-braunen Kreisen darauf, die schielten. Statt einem Etagenbett, bekamen wir schöne Couchbetten mit Bettkasten, in die man tagsüber das Bettzeug legen konnte, dazu einen Couchtisch und in der Ecke wurde ein Schreibtischregal angebracht, zum Hausaufgaben machen. Wir fanden schnell neue Freunde, die auch grade in den Neubau einzogen. Die Umgebung hatte sich geändert, unsere Freunde auch, aber zu Hause war alles beim Alten.

Ich bekam für alles die Schuld, klar hatte ich auch oft mal was auf dem Kerbholz, in der Beziehung hatte sich ja nichts geändert.

Mit den neuen Nachbarn, Herrn und Frau Schillhorn verstanden Mama und Olaf sich gut. Sie saßen oft abends beisammen. Meistens im Keller. Dort tranken sie Bier und Weinbrand und unterhielten sich. Ich mag Herrn Schillhorn auch. Oft half er mir, mein Fahrrad in den Keller zu tragen. Ich freute mich immer wenn Olaf im Keller war. Dann kann ich abends in Ruhe meine Bücher lesen oder Musik hören.

Ich versuchte so wenig wie möglich zu Hause zu sein, wenn Olaf da war.

Ab dem Umzug muss ich auch Pflichten im Haushalt übernehmen, Sonntags nach dem Mittagessen mit Kristina zusammen Geschirr abwaschen und abtrocknen, den Müll raus bringen oder Getränke, die im Keller verstaut waren hochholen, den langen Kellergang fegen oder den Hausflur wischen.

Da Kristina und ich immer viel Durst hatten lies Olaf sich was neues einfallen: Wir bekamen eine Kiste Limonade (12x 0,7 l) für uns allein. Das muss 14 Tage lang reichen für uns. Wir waren begeistert, wussten allerdings nicht, dass wir viel mehr trinken.

Wenn die Kiste leer war, mussten wir Wasser aus der Leitung trinken oder uns schwarzen Tee machen.

Wenn Olaf mitbekommen hat, dass ich in der Küche stand und mir eine Kanne Tee machte, passte ihm das natürlich nicht. Mal nahm ich angeblich zu viele Teebeutel oder zu viel Zucker.

(Sind 2 Teebeutel zu viel auf 1 Liter Wasser?)

Fortan schlich ich dann leise in die Küche, damit er das nicht merkte. Auch hatte ich immer sehr viel Hunger ich war mitten in der Pubertät und konnte riesige Mengen an Wurstbroten verdrücken.

Auch dies gefiel Olaf nicht und meckerte dauernd: Zuviel Wurst auf dem Brot, das kostet alles SEIN Geld, ich könnte ja zu den Mahlzeiten genügend essen...bla bla bla.

Ich ging dann dazu über mir keine Margarine und keine Wurst mehr aufs Brot zu schmieren, sondern Senf oder Ketchup, da ich ja Hunger hatte, schmeckte das auch.

Aber auch daran hatte Olaf was auszusetzen. Ich konnte ihm nie irgend etwas recht machen. Das hatte ich inzwischen schon lange aufgegeben.

Ich saß zu Hause nur noch in meinem Zimmer, wagte mich kaum in die Küche und ins Badezimmer, weil ich ja auch dort immer zulange blieb und zu viel Wasser verbrauchte. Auch die Heizung im Zimmer von Kristina und mir wurde ständig abgedreht, natürlich nicht ohne zu meckern, kaum das Olaf zu Hause war. Auch in meinem Zimmer kann Olaf mich nicht in Ruhe lassen, sondern wenn er sah das ich las, fand er immer Sachen die ich tun musste.

Wen wundert es da, dass ich immer nachmittags ab 16 Uhr fluchtartig die Wohnung verließ, weil Olaf dann heimkam.

Unfall

Sonntags, wenn ich wusste das Papa bei Oma Hilde zu Besuch war, schlich ich mich früh morgens, wenn Mama und Olaf noch schliefen aus dem Haus, um mit dem Fahrrad zu Oma Hilde zu fahren. Früh morgens, weil ich sonst nicht los durfte. Der Weg war ca. 6 km lang. Natürlich nahm ich dabei jede Abkürzung die ich kannte.

Ich hatte ein Minifahrrad, das eigentlich schon zu klein für mich war, aber der Sattel und der Lenker waren auf die höchste

Stufe gestellt, so konnte ganz gut fahren. An einer abschüssigen Stelle nach 3 km passierte es dann:

Der Lenker brach ab!

Da ich in dem Augenblick sehr schnell fuhr, überschlug ich mich mit dem Fahrrad und kam mit dem Kopf hart auf den Boden auf. Ich war wohl einen kurzen Moment ohne Bewusstsein, denn als ich die Augen aufmachte, beugten sich eine Frau und ein Mann über mich. Sie fragten, ob ich mir sehr wehgetan hatte und halfen mir auf. Nachdem ich meine Knochen sortiert hatte, ging es mir bis auf ein paar blaue Flecken und einer riesigen Beule am Hinterkopf, wieder gut.

Ich schaute auf mein Fahrrad. Der Lenker war völlig abgebrochen und das Vorderrad aus der Achse gerissen.

Die Frau bot mir an mich mit zu ihnen nach Hause zu nehmen, damit sie meine Mutter anrufen konnte, um ihr zu sagen, dass ich einen kleinen Unfall hatte und mein Fahrrad nicht allein nach Hause tragen konnte.

Die Frau gab die Adresse durch und Olaf versprach, mich mit dem Auto abzuholen. Die nette Frau gab mir etwas zu trinken, dann wartete ich draußen vor dem Haus auf Olaf.

Olaf kam, schmiss missgelaunt mein Fahrrad in den Kofferraum und meckerte mit mir.

Wutentbrannt, weil er mich abholen musste, fuhr er mit mir nach Hause. Ich wagte es nicht etwas zu sagen.

Weder er, noch meine Mutter fragten mich, ob ich mich verletzt hatte.
Es ist ihnen scheißegal, ob ich mir was getan hatte oder tot bin, dachte ich.

Ich wollte weg von zu Hause und sehnte mich danach in ein Internat zu kommen, davon träumte ich schon lange. Ab und zu fragte ich Mama auch mal, ob ich nicht auf ein Internat gehen könnte, aber sie meinte das müsste man bezahlen und so viel Geld hatten wir nicht.

Afrika

Eines Tages kam Olaf total schlecht gelaunt von der Arbeit. Nein, nicht die übliche schlechte Laune, sondern NOCH schlechter.

Er war entlassen worden. Oh je! Ich fragte mich, wie ich es ertragen sollte wenn Olaf den ganzen Tag zu Hause herumhockte. Glücklicherweise fand er schnell wieder Arbeit. In MÜNCHEN!

Juhu, endlich war ich Olaf wenigstens die Woche über los, denn er kam nur alle 14 Tage übers Wochenende nach Hause.

Das war eine schöne Zeit. Kristina und ich konnten essen und trinken, was wir wollten und keiner hat gemeckert, wenn wir uns mal etwas mehr Nutella auf das Brot schmierten, statt es nur aufzukratzen.

Ich durfte sogar in ein Konzert gehen! Jürgen Drews kam in den Scotch Club und sang dort unter anderem seinen Riesenhit: Ein Bett im Kornfeld.

Olaf musste für die neue Firma auch ins Ausland, nach Afrika, für vier Monate. Das war eine tolle Zeit. Doch Olaf bewarb sich auch weiter auf Stellenanzeigen und fand wieder in der Nähe Arbeit - leider!

Ich war 12 Jahre alt und ging Sonntag nachmittags mit meinen Freundinnen in eine Jugenddisco im Nachbardorf. Gefragt hatte ich zu Hause erst gar nicht, ob ich dorthin darf, das wäre mir sowieso von Olaf verboten worden. Meine Freundinnen rauchten Zigaretten und um nicht ausgeschlossen zu werden, fing ich auch an zu rauchen. Sonntags kauften wir uns ein Päckchen Zigaretten und teilten uns das zu dritt. In der Disco trafen wir auch die Jungs aus dem Jugendheim. Ich verliebte mich in einen von ihnen.

Alkohol

Wir trafen uns jeden Tag und ich war oft zu Besuch im Heim. Die Jungs hatten allerlei Blödsinn vor und tranken auch Alkohol, das kannte ich ja nur zu gut von Mama und Olaf. Um anzugeben, nahm ich, weil ich ja kein Geld hatte, zu Hause aus dem Barfach einfach eine Flasche Weinbrand mit. Wir trafen uns dann mit den Jungen im Wald und leerten die Flasche gemeinsam. Da ich mit Alkohol ja keine Erfahrung hatte, trank ich wohl mehrere Schlucke zu viel und war so betrunken das ich nicht mehr laufen konnte.

Meine Freundin versuchte mich nach Hause zu schleppen, was sie aber nicht schaffte. Sie lies mich im Wald liegen und ging zu meiner Mutter um sie zu benachrichtigen. Zwischenzeitlich fand mich wohl ein Spaziergänger und rief einen Notarzt. Ich kam ins Krankenhaus.

Viel davon bekam ich nicht mit, ich schlief dort meinen Rausch aus und am nächsten Morgen holte mich meine Mutter ab, ich bekam zu Hause eine Ohrfeige von ihr und musste im Zimmer verschwinden. Oh, war mir das peinlich! Der Arzt im Krankenhaus hatte auch das Jugendamt benachrichtigt und ich musste mit meiner Mutter zu einem Gespräch kommen.

Dort wurde mir verboten, mich mit den Jungs aus dem Jugendheim zu treffen. Ich hielt mich daran.

Zeltlager

Meine Freundin Ursula tröstete mich oft, wenn ich ihr von Olafs Wutausbrüchen erzählte.

Ursulas Vater war Segelfluglehrer und ist mit einem Flugzeug abgestürzt und dabei ums Leben gekommen, als Ursula 5 Jahre alt war.

Seitdem kümmerte sich der Segelflugverein um Ursulas Familie.

Schon öfter war ich am Sonntags mit auf dem kleinen Flugplatz gewesen und durfte einen Rundflug über Heide mit dem Motorflugzeug mitmachen. Ich bekam einen Kopfhörer auf und konnte den Erklärungen des Piloten lauschen. Die Welt von oben zu betrachten war sehr schön. Die Autos sahen wie Spielzeug aus und die Menschen wie bewegliche Puppen.

Ursula fragte mich kurz vor den Sommerferien, ob ich nicht Lust hätte mit ihrer Familie in ein Zeltlager zu fahren, dass vom Segelflugclub veranstaltet wurde, es wäre auch nicht so teuer. Klar hatte ich Lust dazu!

Eine willkommene Gelegenheit von Zuhause weg zu sein. Ich fragte meine Mutter noch am gleichen Abend, sie wollte erst noch mit Ursulas Mutter telefonieren und entschied danach, das ich mitfahren darf! 14 Tage in der Lüneburger Heide. Ich war noch nie allein von zu Hause weg und freute mich sehr.

Anfang Juli ging es los. Wir fuhren erst zum Segelflugplatz und es wurde noch ein Segelflugzeug auf einem Anhänger an das Auto gekoppelt. Die Fahrt nach Repke in der Lüneburger Heide dauerte ca. 4 Stunden und wir vertrieben uns die Zeit mit Autokennzeichen raten. In Repke angekommen, wurden wir von den anderen Teilnehmern begrüßt.

Das Vereinsheim dort hatte 3 Schlafräume, einen Aufenthaltsraum mit kleiner Küche und einer kleinen Bar. Dort wurden die Erwachsenen untergebracht. Ursula und ich bekamen einen Zeltplatz zugewiesen, stellten unser kleines Zelt auf, verstauten unsere Reisetaschen darin und gingen erst mal auf Entdeckungstour. In der Nähe war ein Waschhaus mit Toiletten und Duschen für uns.

Inzwischen trafen immer mehr Jungs und ein Mädchen ein, die ihr Zelt auf auf dem Zeltplatz aufbauten. Einige hatten größere Zelte für 4-6 Personen dabei. Es wuchs ein kleines Zeltdorf. Die Jungs waren alle schon älter als Ursula und ich und hatten auch Bier dabei.

Gegen 18 Uhr deckten wir alle gemeinsam den Tisch im Vereinsheim für das Abendbrot. Nach dem Essen wollten wir uns alle auf dem Zeltplatz treffen und gemeinsam bei einem Lagerfeuer den Abend ausklingen lassen.

Am nächsten Tag standen wir früh auf, denn gleich nach dem Frühstück ging der Segelflugbetrieb los und dafür musste noch einiges aufgebaut werden.

Der große VW-Bus, mit einem Glasaufbau, wurde an das eine Ende der Start- und Landebahn gefahren und dort aufgebaut, der Traktor mit der Seilwinde um die Segelflugzeuge hochzuziehen an das andere Ende.

Es gab noch zwei andere alte Autos, eines wurde für das holen der Windenseile gebraucht, das andere Auto um die gelandeten Flugzeuge wieder zum Start zu holen.

Auch Ursula und ich machten uns nützlich. Ursula half beim Start der Flugzeuge indem sie die Flügel hochhielt und der Winde das Handzeichen zum Start gab und ich schrieb im VW-Bus, dem kleinen "Tower" die Start- und Landezeiten auf und wie der Start erfolgte ob mit der Seilwinde oder im Schlepp mit einem Motorflugzeug.

Auch kleine Besonderheiten wie ein Seilriss der Winde, oder Außenlandungen, wurden genau festgehalten.

Ich lernte das Nato-Funk-Alphabet auswendig und durfte dann auch der Winde per Funk mitteilen welches Flugzeug grade am Start war.

Das natürlich alles unter Aufsicht der Flugleitung, denn ich durfte keine Fehler machen.

Ich fuhr auch öfter im Auto mit, das die Seile für die Winde holte. Eines Tages fragte ich, eher aus Scherz, ob ich auch einmal Autofahren darf. Ich durfte, da das ja alles privates Gelände war! Also lernte ich die nächsten Tage das Autofahren auf der Start- und Landebahn. Zuerst würgte ich das Auto oft ab, ehe ich ordentlich mit Gangschaltung, Kupplung und Gas umgehen konnte. Es dauerte nur 3 Tage dann konnte ich genauso mit dem Auto umgehen wie die älteren Jungs und durfte auch die Windenseile mit dem Auto holen. Das zurückholen der Flugzeuge überließ ich aber den besseren Autofahrern.

Das Wetter war die ersten Tage sehr schön, nur einen Tag war es bedeckt und sehr schwül. Ein Unwetter zog auf.

Wir hofften das es nur regnen würde, aber es gab ein Gewitter.

Nachts fing es an zu stürmen und es regnete Bindfäden. In kürzester Zeit war unser Zelt unter Wasser gesetzt und es Blitzte und Donnerte ohne Unterbrechung.

Ursula und ich zogen uns an und krochen aus dem Zelt. Es war stockdunkel und wir sahen erst nur den Lichtschein der Taschenlampen von den Jungs, die ebenfalls aus ihren Zelten kamen.

Sie riefen uns zu, wir sollten ins Vereinsheim gehen, es war zu gefährlich im Zelt zu bleiben. Wir liefen so schnell wir konnten, waren aber trotzdem durch nass, als wir ankamen.

An Schlaf war nicht mehr zu denken. Durch den Lärm, den wir verursachten, wachten auch die Erwachsenen auf und gaben uns trockene Sachen zum anziehen. Wir sahen ziemlich lustig aus, denn die Sachen passten uns ja nicht.

Wir gingen in die kleine Bar wo wir uns einen Tee kochten und das Unwetter gemeinsam abwarteten.

Es wurde schon hell draußen, als es endlich aufhörte zu regnen. Die Zelte standen sehr Windschief da.

Alles war durchnässt und so spannten wir Seile als Wäscheleinen um unsere Klamotten und das Bettzeug zum trocknen aufzuhängen. Als wir alle Schäden endlich beseitigt hatten war es schon Mittag.

Die 14 Tage in Repke vergingen wie im Flug und wir hatten jede Menge Spaß.

Selbstmordversuch

Mama und Olaf stritten immer heftiger. Jeden Abend wurde Bier und Weinbrand getrunken. Ich fand das ganz normal. Ich kannte das ja auch nicht anders.

Mein kleiner Bruder Timo war jetzt 3 Jahre alt und sein Hobby war, alles was er fand, zu verstecken. Den Kellerschlüssel zum Beispiel. Den versteckte er mit Vorliebe in irgend welchen Blumenvasen, in Schränken oder in seinem Rutscherauto.

Wehe, wenn Olaf nach Hause kam und der Kellerschlüssel hing nicht am Schlüsselbrett!

Das Erste, was passierte: Er stürmte bei Kristina und mir ins Zimmer und schrie mich an ich sollte den Kellerschlüssel rausrücken. Wenn ich ihm sagte, das ich ihn nicht hatte musste ich den Schlüssel trotzdem bei uns im Zimmer suchen. Fand ich den Kellerschlüssel nicht, was ja meistens der Fall war, schmiss Olaf aus Wut wieder alles durch die Gegend. Zerriss wahllos alles, was ihm zwischen die Finger kam. Einmal erwischte er auch mein Schulzeugnis was noch auf dem Schreibtisch lag, weil es noch unterschrieben werden musste.

Man war mir das peinlich mein Zeugnis so zerrissen, in der Schule der Lehrerin zu zeigen. Ich dachte mir eine halbwegs plausible Geschichte aus und log ihr vor, mein kleiner Bruder hätte das Zeugnis zerrissen.

Bei uns zu Hause gab es nur noch Streit.

Kristina und ich wachten nachts oft von dem Gezanke auf und hielten uns gegenseitig wach, weil wir Angst hatten, dass Olaf Mama was Schlimmes antat.

Eines Nachts wurden Kristina und ich von Olaf aus dem Schlaf gerissen. Er trommelte mit den Fäusten an die Badezimmertür und brach diese dann auf. Kurz danach riss er unsere Zimmertür auf und schrie er wir sollten einen Gürtel holen, meine Mutter hätte sich die Pulsadern aufgeschnitten!

Ich sprang aus dem Bett und suchte meine Hose, in der ein Gürtel steckte, als ich die in der Hand hatte, schubste Olaf mich beiseite, riss den Gürtel aus der Hose und versuchte meiner Mutter den Arm ab zubinden, schrie uns zwischendurch an, wir

sollten uns die Bescherung anschauen, weil wir schuld daran
seien.

Ich kann mich leider nicht mehr an alle Einzelheiten erinnern.

Kristina und ich bekamen jedenfalls einen Heidenschreck.

Olaf verband meiner Mutter den Arm und stillte die Blutung, es
war nicht so schlimm. Ich musste die Blutflecken wegwischen.

Danach sollten wir wieder ins Bett gehen. Wir konnten die
ganze Nacht nicht schlafen, sondern horchten auf Geräusche
und passten auf, das Mama nicht noch einmal so etwas
versucht.

Seit dem Tag hielten wir uns immer gegenseitig wach, wenn die
beiden sich stritten und kamen erst zur Ruhe, wenn alles ruhig
war und die beiden zu Bett gingen. Olaf prügelte meine Mutter
immer öfter im Streit, wir taten aus Angst so, als ob wir schliefen
und das nicht mitbekommen.

Mama tat öfter so, als wollte sie sich umbringen, nahm
Tabletten, oder lief weg und sagte sie würde von der
Hochbrücke springen, oder sich vor den Zug werfen. Wir Kinder
mussten öfter mal mitten in der Nacht losgehen um unsere
Mutter zu suchen.

Wirklich etwas Schlimmes ist aber nie passiert.

Erste Liebe

Ab und zu ging ich noch in die Disco im Nachbardorf, wir hatten aber eine neue Disco aufgetan: den Young Lady Club. Der war total angesagt unter den Jugendlichen. Der Club öffnete mittags um 12 Uhr. Dort trafen wir uns dann nach der Schule. Da ich nicht genug Taschengeld bekam, um Zigaretten zu bezahlen, klaute ich weiterhin ab und zu Geld aus Olafs Sparschwein. Nicht mehr so viel auf einmal, damit es nicht auffiel. An einem Nachmittag im Club lernte ich dann meinen ersten richtigen Freund kennen: Andreas, genannt Longo, weil er 1,86 Meter groß war. Ich war gegen ihn ein Zwerg! Wir trafen uns jeden Tag nach der Schule für eine Stunde im Club und dann fuhr ich meist zu ihm nach Hause, weil wir dort allein waren und keine Geschwister nervten. Wir hörten Musik, redeten viel, knutschten und machten alles, was eine erste Liebe so hergab. Es war einfach nur schön! Longo hatte in der Tanzschule Tanzunterricht und ich schaute zu. Als ich Mama fragte, ob ich vielleicht auch Tanzunterricht bekommen kann, sagte sie nein, du musst nicht alles hatten, was andere Kinder kriegen.

Toll, was hatte ich denn schon? Billigklamotten, die oft nicht richtig passten? Zerrissene Bücher? Hausarrest und kaum

Taschengeld? Alles, was ich einmal besaß, wurde doch kaputtgemacht. Olaf brauchte ich erst gar nicht nach solchen Sachen fragen, ich traute mich auch gar nicht.

Ich hatte Angst vor Olaf, wünschte ihm die Pest an den Hals und träumte wieder vom Internat.

In unserer Stadt wurde ein Jugendzentrum eröffnet, dort wurden allerlei Freizeitaktivitäten angeboten, unter anderem auch ein Gitarrenkurs.

Da ich immer musikalisch war und mein Geburtstag kurz bevorstand, kaufte ich mir vom Geburtstagsgeld von meiner Oma Hilde eine Gitarre.

Die kostete 49 DM, da blieb für eine passende Tasche leider nichts übrig, aber das war mir egal.

Ich hatte eine Gitarre!!

Ich ging zum Kurs und übte stundenlang zu Hause. Bald konnte ich schon einige Lieder spielen.

Das Glück war aber nur von kurzer Dauer, denn ich hatte die Rechnung ohne Olaf gemacht.

In einem seiner üblichen Tobsuchtsanfälle, ich hatte mal wieder irgendetwas ausgefressen (wahrscheinlich Geld geklaut), fing er wieder an meine Bücher und die schönen Fotos von Andreas und mir zu zerreißen, nahm dann auch meine neue Gitarre legte sie über sein Knie und brach den Hals der Gitarre ab. Ich durfte nicht mehr ins Jugendzentrum gehen, hatte 6 Wochen Hausarrest und wie immer kein Taschengeld und eine kaputte Gitarre.

Das bestätigte Mal wieder meine Vermutung, dass Olaf mich nicht leiden kann und alles was ich gern hatte zerstören musste.

Mein Hass auf Olaf schlug in blinde Wut um ich schrie, bei einem seiner zahlreichen Wutausbrüchen zurück, dass ich zum Jugendamt gehe...

Ich tat es mal wieder nicht.

Vielleicht war ich zu feige dazu, vielleicht dachte ich aber auch das ich meiner Mutter damit schaden könnte.

Ich weiß nicht mehr, was mir damals durch den Kopf ging.

Ich schätze ich hatte Angst meine Mutter würde sich wirklich was antun und wir müssten allein mit Olaf leben.

Der blanke Horror für mich!

Eines Samstags, ich war zu Besuch bei Andreas, klingelte es bei ihm an der Haustür. Andreas Mutter öffnete die Tür. Ich hörte oben im Zimmer Olafs Stimme. Oh je, dachte ich. Was will der denn hier?

Ich sollte mit ihm nach Hause kommen. Kaum waren wir zur Haustür raus, bekam ich eine Ohrfeige.

»Du wusstest doch das wir heute zum Geburtstag bei Freunden eingeladen sind und du auf Timo aufpassen sollst« schrie Olaf mich an.

Hm, wusste ich nicht, dachte ich bei mir und wieso muss ich immer aufpassen? Kristina kann ja auch aufpassen.

Olaf fuhr wutentbrannt mit mir nach Hause. Dann gingen Mama und er los.

Timo war schon im Bett und ich setzte mich in mein Zimmer und las. Plötzlich klingelte es an der Tür. Tante Anne und Onkel Horst standen da und wollten Mama und Olaf besuchen. Ich lies die beiden herein und erklärte das Mama und Olaf nicht da waren. Ihr könnt aber ruhig bleiben, sagte ich und bat die beiden ins Wohnzimmer. Gab ihnen ein Bier und setzte mich dazu um mich zu unterhalten. Ich freute mich über die willkommene Abwechslung. Lange blieben Anne und Horst nicht. Ich räumte das Wohnzimmer wieder auf, brachte die leeren Bierflaschen in die Küche und ging wieder in mein Zimmer, denn im Wohnzimmer durften wir uns nicht aufhalten. Als Mama und Olaf nach Hause kamen, sah Olaf die leeren Bierflaschen und schrie mich gleich, ohne nach einer Erklärung zu fragen, an: »Wie kommst du dazu einfach mein Bier zu trinken! Du hast 2 Wochen Stubenarrest und das Bier bezahlst du mir auch!«

Ich sagte nichts. Warum auch? Ich hätte mit jedem Wort alles nur noch Schlimmer gemacht, also behielt ich den Besuch für mich. Erst am nächsten Tag erzählte ich meiner Mutter das Anne und Horst zu Besuch da waren.
Olaf hat sich wie immer nicht bei mir entschuldigt.

Klassenfahrt

In der siebten Klasse gingen wir auf Klassenfahrt nach Rantum auf Sylt. Am liebsten wäre ich zu Hause geblieben, weil ich ja einen Freund hatte. Ich musste aber mitfahren. Ich packte meine Sachen und Mama brachte mich zum Bahnhof, wo die Klasse sich traf. Ich freute mich dann doch auf die Fahrt und alberte mit meinen Freunden herum. Die Zugfahrt nach Westerland war nicht lang. Dort angekommen stiegen wir in einen Bus der uns zum Schullandheim brachte.
Nachdem meine Freundinnen Susi, Caro, Eva, Anke und ich uns geeinigt hatten welches Zimmer wir nehmen, richteten wir uns häuslich ein. Wir hatten uns ein Sechsbettzimmer

ausgesucht. Ein Bett war noch frei, weil wir nur zu Fünft waren und wir hofften das es auch so blieb.

In seiner Begrüßungsrede erzählte der Heimleiter , dass er oft Schüler beim rauchen in dem kleinen Wäldchen in der Nähe erwischt hat.

Ohne Worte trafen sich die Blicke meiner Freundinnen und mir. Gute Idee, dachten wir bei uns schauten uns nach einem ungestörten Plätzchen zum rauchen um.

Es kam leider nichts anderes in Frage als dieses besagte Wäldchen und so verdrückten wir uns, auf Umwegen natürlich, damit keiner uns sieht. Wir achteten darauf das der Rauch unserer Zigaretten nicht zu sehen war.

Gegen 18 Uhr gingen wir zum Abendessen wieder ins Heim zurück. Abends wurde eine Disco im Nebengebäude veranstaltet. Wir freuten uns und nahmen das Angebot selbstverständlich an.

Natürlich verdrückten wir uns zwischendurch immer mal wieder, um eine Zigarette zu rauchen. Ab 22 Uhr war Bettruhe angesagt, aber daran dachten wir noch lange nicht! Wir scherzten und kicherten. Bis einer der Lehrer kam und uns zur Ruhe rief. Trotzdem machten wir weiter, etwas leiser und mit einem Wachposten an der Tür. Ich war grade dran mit Wache halten, als ich durch den Türspalt einen der Lehrer sah.

Ich rief: »Achtung Lehrer.«

Alle waren sofort still. Ich schaute noch einmal durch den Türspalt und traute meinen Augen kaum: Da lief unser Lieblingslehrer Fritjof Wacker mit Pantoffeln, gestreiftem Morgenrock und roter Schlafmütze über den Flur!

Ich kicherte und rief die anderen: »Kommt mal her und schaut wie Fritjof rumrennt!«

Wir wurden alle von Lachanfällen und Lachkrämpfen geplagt, dass uns der Bauch wehtat. Noch lange lachten wir immer wieder, ehe endlich Ruhe einkehrte und wir spät in der Nacht einschliefen.

Am nächsten Tag absolvierten wir die dort wohl übliche Wanderung um das Rantum Becken. Es wurde uns gesagt wir sollten Gummistiefel anziehen, da die Wege noch durchweicht waren vom Regen. Fröhlich zogen wir los. Unsere Gruppe war, wie immer, die Letzte.

Nach zwei Stunden Fußmarsch fingen uns an die Füße zu schmerzen und bei der nächsten Rast zogen wir die Gummistiefel aus. Bei mir hatten sich schon einige Blasen gebildet, da die Stiefel neu waren. Ich bekam ein Pflaster vom Lehrer, zog die Stiefel wieder an und weiter ging es. Die Wanderung dauerte vier Stunden und wir waren froh wieder im Schullandheim zu sein. Dort zogen wir uns um und verabredeten uns im kleinen Wäldchen auf eine Zigarette.

Das bekam Fritjof Wacker mit und zischte uns, als wir an ihm
vorbei gingen, zu: »Lasst euch nicht erwischen.«
Wir lachten und fragten scheinheilig: »Wobei denn? Wir sind
doch immer brav.«
Am späteren Abend trafen wir uns mit den Lehrern im
Gruppenraum um die Wanderungen und Vorhaben für den
nächsten Tag zu besprechen. Wir machten bei dieser
Gelegenheit mit einigen Jungs aus, uns danach bei uns im
Zimmer zur Mitternachtsparty zu treffen, was streng verboten
war. Genau das reizte uns erst recht. Im Zimmer stellten wir
Getränke und Naschkram bereit, suchten Musik für den
Kassettenrekorder heraus und warteten voller diebischer
Vorfreude auf die Jungs. Die kamen auch tatsächlich gegen
Mitternacht zu uns geschlichen. Wir unterhielten uns, lachten
und scherzten. Natürlich stand immer jemand Wache an der
Tür. Nach einiger Zeit, es war auch nicht grade ruhig bei uns im
Zimmer, tauchte eine Lehrerin auf dem Flur auf.
Susi, die grade an der Tür stand zischte: »Achtung Lehrerin«.
Der Schreck war groß. Die Jungen durften nicht erwischt
werden! Schnell versteckten wir zwei Jungen unter unseren
Betten und einer krabbelte in den Schrank und zog die Tür zu.
Als die Lehrerin in unser Zimmer kam, ermahnte sie uns zur
Ruhe. Kam ins Zimmer und kontrollierte ob auch alles in
Ordnung war. Um sie abzulenken fingen wir ein Gespräch mit

ihr an. In diesem Moment klapperten leise die Bügel im Schrank. Uns rutschte das Herz in die Hose. Ob sie in den Schrank schauen würde? Puh, nein sie tat es nicht, sondern ging zur Tür knipste das Licht aus, wünschte uns eine gute Nacht und ging. Wir warteten noch einen Moment und sprangen dann schnell aus den Betten.

Susi lief zur Tür öffnete die einen Spalt sah auf den Flur und sagte: »Luft rein«.

Ich lies den Jungen aus dem Schrank, die anderen beiden kamen unter den Betten hervor und wir lachten erleichtert. Trotzdem beendeten wir die Party danach. Die Jungen schlichen in ihr Zimmer zurück und wir legten uns schlafen.

Als ich von der Klassenfahrt zurück kam machte mein Freund Andreas Schluss mit mir. Ich war unglücklich und verkroch mich tagelang in meinem Zimmer und weinte.

Nacht im Keller

Meine Mutter trank inzwischen so viel Alkohol, dass sie tagsüber auch schon eine Fahne hatte. Mir war das immer peinlich. Ich hielt mich kaum noch zu Hause auf, ging lieber nach der Schule in den Club, wo ich ja auch eigentlich nicht hingehen durfte.

Ich blieb immer länger dort und wagte mich, weil ich ja Hausarrest hatte nicht nach Hause. Ich wusste Olaf würde ausrasten!

Ich blieb immer länger abends weg und irgendwann traute ich mich gar nicht mehr nach Hause.

Ich schlug mir die Nacht, solange es ging mit Freunden um die Ohren und suchte mir dann ein Plätzchen, wo ich mich hinsetzen kann und ein wenig schlafen kann. Oft im Trockenkeller unseres Hauses. Ich schwänzte die Schule, um nicht jemandem in die Arme zu laufen, der mich nach Hause brachte.

Der Hunger trieb mich aber dann am nächsten Tag doch Heim. Ich wusste ja auch nicht, wo ich hin sollte.

Meine Mutter ging wieder arbeiten. Sie half abends in der Küche im Internat der Landesberufsschule aus. Sie war also ab 17 Uhr bis 19 Uhr nicht zu Hause.

In dieser Zeit waren Kristina und ich Olaf und seinen Wutausbrüchen ausgesetzt. Nach Möglichkeit versuchten wir uns unsichtbar zu machen, was aber nie klappte. Wir mussten allerlei Dinge für Olaf erledigen, und wenn wir das nicht schnell genug machten oder das Schloss der Kellertür mal wieder klemmte, wenn wir Getränke für Olaf aus dem Keller holen sollten, bekamen wir sofort seine Launen zu spüren.

Obwohl ich schon fast 14 Jahre alt war, musste ich zum Abendbrot um 18:30 Uhr zu Hause sein. Auch nach dem Essen durfte ich nicht mehr die Wohnung verlassen.

Während meine Freunde sich abends noch trafen, hockte ich in meinem Zimmer und las.

Sobald Olaf nicht in Sicht war, schlich ich mich trotzdem raus, schließlich wollte ich auch bei meinen Freunden sein.

Meine Freunde mit nach Hause bringen konnte ich nicht, weil Olaf sie immer gleich wieder herausschmiss oder mich vor versammelter Mannschaft herunterputzte, was mir peinlich war.

So zögerte ich, wenn ich mal wieder einfach abgehauen war, dass nach Hause kommen immer weiter hinaus, da ich ja Angst hatte, vor den Tobsuchtsanfällen von Olaf. Oft kam ich erst um 22:00 Uhr wieder nach Hause, schloss ganz leise die

Wohnungstür auf und wenn ich Glück hatte war Olaf im Keller oder hörte mich nicht. Das kam aber eher selten vor.

Schreckschuss

In der Schule lief es eigentlich ganz gut. Das schönste waren die großen Pausen. Da wir in den höheren Klassen ja schon zu den Großen zählten, achteten die Lehrer nicht so auf uns.

Einige Schüler, zu denen auch ich gehörte, schlichen sich vom Schulhof ins nahegelegene Parkdeck und rauchten eine Zigarette. Erwischt wurden wir nie.

Auch nach der Schule trafen wir uns dort, rauchten, zogen über die Lehrer her und erzählten wie der Tag in der Schule so lief.

Ein Junge aus meiner Parallelklasse hatte irgendwann mal eine Schreckschusspistole dabei und zeigte sie uns.

Wir alberten herum und zogen ihn auf. Allen voran ich. Wie immer konnte ich meine große Klappe nicht halten. Ich brachte den Jungen so auf die Palme, dass er die Waffe an meinen Bauch hielt.

Ich lachte und sagte: »Schieß doch! Du traust dich sowieso
nicht.«

Da drückte er ab.

Was bisher Spaß war, schlug plötzlich in Aggression um. Ich
bekam einen Schreck.

Reagierte aber gleich, nahm ihm die Waffe weg und schubste
ihn zur Seite. Meine Freunde hielten den Jungen fest.

Ich schob meinen Pullover hoch und schaute mir meinen Bauch
an. Eine Brandblase bildete sich. Nicht so schlimm, sagte ich zu
meinen Freunden.

Konfirmation

Im Mai 1978 wurden Kristina und ich konfirmiert. Eigentlich nur
des Geldes wegen, denn mit der Kirche hatte ich nichts am Hut.
Zum Konfirmandenunterricht erschien ich nur sporadisch, da
Kristina ist immer hinging,hat sie sich Ausreden, warum ich
nicht da war einfallen lassen müssen. Kristina und ich bekamen
schicke weiße Blusen und einen schwarzen Rock. Das Geld
dafür spendierte Oma Hilde, weil Oma die Sachen nicht mehr

selber nähen konnte. Mama hat eine große Familienfeier, die bei uns zu Hause stattfand organisiert. Das Mittagessen hat Mama am Tag vorher gekocht und soweit vorbereitet, dass es nur noch erwärmt werden musste. Omi Marga hat ganz viel Kuchen gebacken, darunter auch den Lieblingskuchen von Kristina und mir: Frankfurter Kranz.

Endlich war der große Tag da.

Kristina und ich waren sehr aufgeregt, hoffentlich ging nichts schief. Vor allen Leuten in der Kirche auf dem Weg zum Altar zu stolpern und hinzufallen, war unsere größte Sorge. Es lief alles wie am Schnürchen. Kristina und mir blieben alle Peinlichkeiten erspart. Das Wetter hätte schöner sein können, denn es wehte mal wieder ein sehr kalter Wind und wir froren sehr in unserer dünnen Kleidung. Die Feier nach der Kirche war sehr schön, Kristina und ich bekamen viele Geschenke. Einige Sachen wie Handtücher usw. für unsere Aussteuer und natürlich die Hauptsache, viele Glückwunschkarten mit Geld darin. Ein Geschenk von Mama oder Olaf bekamen wir nicht. Olaf wollte das wir jeder Mama 100 DM von unserem Geld abgeben, damit das Essen für unsere Feier bezahlt werden kann. Von dem Geld wollte ich mir ein Mofa kaufen, was ich aber nicht durfte. Ich brauchte eine neue Jeanshose und Schuhe, dass wurde von dem Geld bezahlt. Das restliche Geld wurde auf ein Sparbuch gelegt.

Berufswünsche

Mein kleiner Bruder Timo ging jetzt nachmittags in den
Kindergarten. Manchmal wenn Mama früher arbeiten ging,
muss ich ihn nachmittags abholen. Ich war inzwischen 14 Jahre
alt und so langsam wurde das Thema Berufswahl in der Schule
aktuell.

Da ich mal ein Wochenende in Hamburg bei Olafs Schwester
Elli verbracht hatte träumte ich davon, wie sie, Erzieherin zu
werden.

Elli riet mir ein Praktikum zu machen und so fragte ich im
Kindergarten danach, als ich Timo abholte. Die Erzieherin war
von meinem Vorhaben angetan und ich machte 14 Tage lang
nachmittags ein Praktikum in der Gruppe in der auch mein
Bruder war. Mir gefiel das sehr gut und die Kinder mochten
mich alle.

Ich fragte die Erzieherin nach Bildungswegen aus, erkundigte
mich wo Schulen sind. Leider gab es in unserer Stadt keine
Schule, sondern nur in der 40 km entfernten Stadt Kiel.

Ich redete mit meiner Mutter und Olaf über meinen
Berufswunsch. Zuerst waren die beiden auch ganz angetan,
aber als ich ihnen sagte das die nächstgelegene Schule in Kiel
sei, wurde alles wieder abgewehrt. Olaf fragte mich wie ich

denn jeden Tag nach Kiel kommen wollte. Ich sagte mit dem Zug.

Da fiel bei Olaf wieder die Klappe: Sein Geld.

Es würde ja sein Geld kosten wenn ich täglich nach Kiel fahren muss. Ich sagte ihm das es ja auch Monatskarten geben würde und diese günstiger seien. Zudem gab es angeschlossen an die Schule auch ein Internat in dem ich bleiben könnte. Das war ihm auch zu teuer.

Wochenlang versuchte ich Olaf und meine Mutter zu überreden. Es half nichts. Ich musste meine Pläne begraben. Stattdessen fingen beide damit an mir einzureden das ich Verkäuferin werden soll, wie meine Mutter. Das wollte ich nicht.

Olaf fing immer öfter an über meine Zukunft nach der Schule zu reden und sagte dann immer: »Du gehst nach der Schule in die Lehre! Sieh zu das du dir einen Ausbildungsplatz suchst. Oder geh weiter zur Schule«

Jeden Tag beim, Frühstück und Abendessen bekam ich das zu hören.

Dazu kam auch immer der Spruch von Olaf: »Solange du deine Füße unter meinen Tisch stellst, machst du das was ich sage!«

Ich stellte meine Ohren auf Durchzug und versuchte seine Gehässigkeiten so gut wie möglich zu ignorieren.

Bei Berufsberatung des Arbeitsamtes empfahl man mir noch ein Jahr Sozialwirtschaftsschule zu machen. Das wäre auch eine gute Vorbereitung für meinen Berufswunsch. Ich holte mir die Anmeldungsunterlagen, füllte sie aus und bekam einen Schulplatz. Sogar Bafög würde ich bekommen! 178 DM im Monat! Ich freute mich, das ich zumindest dann etwas mehr Geld haben würde. 50 DM Kostgeld sollte ich zu Hause abgeben, allerdings muss ich mir dann meine Kleider zum anziehen selber kaufen. Trotzdem freute ich mich.

Imbiss

Im nahegelegenen Einkaufszentrum eröffnete ein Imbiss, und meine Freunde und ich verlegten unseren Treffpunkt in den Wintermonaten dorthin. Die Inhaberin Rita und ihre Angestellte Thea waren sehr nett. Wir durften, obwohl wir meist nur Geld für eine Cola hatten, stundenlang bleiben. Dort lernte ich auch Malte und Tommi kennen, die 3 Jahre älter waren als ich. Ich mochte die beiden, bald trafen wir uns täglich. Malte war 2,05 groß und musste sich immer herunterbeugen wenn er mit mir sprach. Sigi war eher klein. Beide waren schon 18 Jahre alt und hatten einen Führerschein und ein Auto.

Malte machte eine Lehre zum Betriebsschlosser und Tommi lernte auf einer Werft Maschinenschlosser. Um mir im Imbiss auch mal eine Cola kaufen zu können und um mitzuhalten mit meinen neuen Freunden, klaute ich wieder Geld aus Olafs Sparschwein, wenn ich mein Taschengeld verbraucht hatte.

Ich hatte Angst meine Freunde wieder zu verlieren, wenn ich immer auf deren Kosten Cola trank und ihre Zigaretten rauchte. Wir trafen uns häufig, machten mit dem Auto Ausflüge in die nähere Umgebung, wenn unser Geld für Benzin reichte. Tommi war ein Anführer, der Typ Mensch, der sich auch noch bei den Kannibalen aus dem Kochtopf redet, wie Malte und ich immer scherzhaft sagten.Er war sehr Redegewandt, mit Argumenten jonglierte er richtig gut, was er auch sehr gut einzusetzen wusste. Nur allzu oft redete Tommi mich einfach schwindelig. Tommi hatte es mir besonders angetan und ich verliebte mich in ihn. Es dauerte allerdings einige Zeit bis ich den Mut fand ihm das zu sagen.

Malte spielte gerne am Spielautomaten und hoffte ständig, da er immer in Geldnöten war, auf eine Serie und den großen Gewinn. Das brachte Tommi auf die Idee mit Malte zu wetten: Malte würde keinen Regenwurm essen, wenn doch bekommt er 10 DM von Tommi. Thea lachte und sagte zu Malte, der schwer am Überlegen war, ob er den Regenwurm essen sollte: »Ich lege noch 10 DM dazu und brate dir den Regenwurm in der Pfanne.«

Das lies Malte sich nicht zweimal sagen. Wir gingen auf die suche nach einem Regenwurm der auch schön groß war.

Tommi hatte Glück, fand einen und brachte das Prachtexemplar zu Thea, die den Regenwurm tatsächlich in der Pfanne briet. Während der ganzen Zeit zogen wir Malte auf und lachten Tränen. Dann war es soweit.

Thea kam mit einem hübsch, mit Salatblättern und Tomaten dekoriertem Teller aus der Küche, stellte den Teller vor Malte hin und rief lachend: »So, jetzt ist dein Lieblingsgericht fertig, Malte!«

Malte schaute sich den etwas geschrumpften, gebratenen Regenwurm an und fragte: »Aber das Grünzeug muss ich nicht mitessen oder? Da wird mir immer so übel von.«

Alle schüttelten sich vor lachen! Schon allein der Anblick des Regenwurms löste bei allen Anfälle von Brechreiz, gleichzeitig aber auch Heiterkeitsausbrüche aus. Tommi meinte: »Die Wette gilt nicht, wenn du den Wurm wieder auskotzt.«

Dann nahm Malte, mit todesverachtendem Blick, den Regenwurm vom Teller, zögerte noch einen Moment und sagte dann: »Ich brauch noch eine Cola zum nachspülen.«

Thea reichte ihm eine Cola mit dem Kommentar: »Auf Kosten des Hauses!«

Malte steckte den Regenwurm in den Mund, kaute nicht, sondern schluckte ihn gleich herunter, nahm das Bier und trank es mit einem Zug aus und sagte trocken: »War lecker, her mit den 20 DM, ich will zocken.«

Diese Wette ging in die Geschichte des Imbiss ein! Man munkelte, dass Malte schon als Kind gerne Regenwürmer aß.

Schneekatastrophe

Der Winter 1978/79 hatte es in sich! Am 1. Weihnachtstag fing es an zu schneien. Es war sehr stürmisch und sehr kalt.

Es schneite und schneite und wollte gar nicht aufhören. Ein richtiger Schneesturm. So etwas hatte ich noch nicht erlebt. Kristina und ich gingen raus und wollten mit Timo ein wenig im Schnee spielen und Schlitten fahren, aber der Wind blies uns fast um. Der Hausmeister fuhr mit seinem kleinen Schneeflug um die Gehwege frei zu räumen eine Dauerschleife, bis er steckenblieb, weil der Schnee inzwischen viel zu hoch lag. Der

Wetterbericht hörte sich auch nicht gut an. Immer wieder war in den Nachrichten von eingeschneiten Bauernhöfen die Rede. Ein Ende der Wetterlage war auch nicht in Sicht. Die Nachbarn bei uns im Haus wechselten sich ab mit Schnee fegen, damit unser Hauseingang nicht zuwehte. Gleich am 27.12. als die Geschäfte wieder öffneten, fuhren Olaf und Mama los zum einkaufen, damit wir mit Lebensmittel versorgt waren, bevor die Straßen ganz zugeschneit waren.

Wir wohnten zwar in der Stadt, aber diese Schneemassen konnten von der Straßenmeisterei nicht bewältigt werden.

Meine Tante und mein Onkel die aus Saarbrücken über die Weihnachtstage zu Besuch bei uns waren, fuhren als sich das Wetter am 30.12. ein wenig beruhigt hatte, früher nach Hause als vorgesehen. Eine gute Entscheidung wie sich am nächsten Tag herausstellte. Am Silvestertag fegte erneut ein Schneesturm über Schleswig-Holstein, Niedersachsen und Mecklenburg-Vorpommern. Von Sturm kann man nicht mehr sprechen; Es war ein Orkan! In vielen Gemeinden viel der Strom aus. Die Leute hatten kein Licht und keine Heizung. Bei uns war alles gut. Drinnen war es warm, wir waren von diesen Ausfällen nicht betroffen.

In der Nacht zu Neujahr fuhr eine Kolonne Panzerfahrzeuge der Bundeswehr bei uns in die Straße und parkte dort. Die Straßen mussten für die Weiterfahrt erst ein wenig geräumt werden und das dauerte stundenlang. An eine Silvesterfeier war nicht zu denken und so beschlossen Kristina und ich die Soldaten ein wenig mit heißem Tee aufzumuntern. Laufend brachten wir Tee und Kaffee zu den Soldaten, denen sehr kalt war. Um Mitternacht stießen wir gemeinsam mit den Soldaten auf das neue Jahr an. Im Morgengrauen fuhr die Kolonne weiter um den von Schneemassen eingeschlossen Leuten zu helfen. Das dieser Winter bis in den Mai dauerte, bis der Schnee gänzlich weggetaut war und in die Geschichte eingehen würde, hätte ich damals nicht gedacht. Sogar die Ostsee war gefroren und wir konnten auf der See spazieren gehen.

Schulentlassung

Am Abend vor meiner Schulentlassungsfeier zofften sich Mama und Olaf wie immer. Olaf hatte bemerkt, dass ich wieder Geld gestohlen hatte. Diesmal eskalierte der Streit aber wieder und

Olaf schlug meine Mutter und kam dann zu Kristina und mir ins Zimmer, um dort weiter zu wüten. Wieder riss er alle Sachen aus den Schränken, zerriss Blusen, Bücher und trampelte auf den heruntergerissenen Sachen herum, dass auch ja nichts heil blieb. Olaf fing dann an auch uns zu schlagen. Meine Mutter lief zum Telefon und rief die Polizei. Die Polizeibeamten kamen auch sehr schnell. Olaf lies von uns ab.

Die Beamten rieten meiner Mutter ins mit uns ins Frauenhaus zu gehen. Das taten wir dann auch. Kristina und ich zogen uns an, schnappten uns einige Sachen und dann fuhren uns die Polizeibeamten mit dem Peterwagen ins Frauenhaus.

Im Frauenhaus kümmerte sich eine Sozialarbeiterin um meine Mutter. Bis spät in die Nacht unterhielten sich auch einige der anwesenden Frauen mit uns. Die Nacht verbrachten wir in einem Familienzimmer.

Am nächsten Morgen ging ich allein ohne meine Mutter und ohne Geld zu meiner Schulentlassungsfeier. Mama hatte das vergessen und ich wollte sie nicht daran erinnern.

Die Ansprache des Direktors bekam ich nur am Rande mit, da ich mit meinen Gedanken nicht bei der Sache war.

Nach dem offiziellen Teil zogen meine Klassenkameraden dann los und verkleideten sich, um, wie es bei uns üblich war, in der Innenstadt zu feiern. Gerne wäre ich auch mitgegangen, aber ich konnte mich ja nicht verkleiden und hatte auch kein Geld dabei.

Meine Mutter wollte ich morgens im Frauenhaus nicht fragen. Sie hatte schon genug Probleme.

So schloss ich mich den Lehrern und einigen Strebern der Klasse an und ging mit in ein nahegelegenes Lokal.

Dort unterhielt ich mich noch ein wenig, denn ich hatte wirklich keine Lust so schnell in das ungemütliche Frauenhaus zurück zu kehren. Nach einiger Zeit brach ich dann doch in Richtung Frauenhaus auf, um meine Mutter nicht warten zu lassen.

Mama vertrug sich nach einem Telefongespräch mit Olaf.

Toll, dachte ich, ändern wird sich dadurch auch nichts. Es ging wieder ein paar Wochen gut und dann ging alles wieder von vorne los mit den ewigen Streitereien.

An eine Trennung zwischen meiner Mutter und Olaf glaubte ich schon lange nicht mehr. Am späten Nachmittag waren wir wieder zu Hause. Ich duschte, zog mich um und ging, um der eisigen Atmosphäre zu entfliehen in den Imbiss, wo Tommi und Malte schon auf mich warteten. Ich erzählte Tommi leise, was sich zugetragen hatte.

Er nahm mich in den Arm und ich weinte. Solche Zuwendung war ich nicht gewohnt. Dann brach alles aus mir heraus und ich erzählte was sich über Jahre bei uns zu Hause abspielte.

Ich beichtete Tommi auch das ich Olaf Geld gestohlen hatte. Er tröstete mich und wollte mir helfen. Tommi gab mir das Geld, was ich Olaf gestohlen hatte, damit ich ihm das zurück zahlen konnte. Ich war so dankbar.

Am gleichen Abend ging ich zu Olaf, entschuldigte mich und gab ihm das Geld.

Olaf würdigte mich keines Blickes und sagte nur:"Das ist jawohl das mindeste. Wem hast du das Geld jetzt wieder geklaut?"

„Tommi hat es mir geschenkt", antwortete ich.

Schuldbewusst und mit hängendem Kopf ging ich danach in mein Zimmer.

Ein schöner Sommer

Den Sommer verbrachte ich fast ausschließlich mit Tommi und Malte. Wir hatten viel Spaß gemeinsam und unternahmen viele Ausflüge mit dem Auto an Nord- und Ostsee. Ab August begann dann die Sozialwirtschaftsschule. Mir gefiel es jetzt schon fast „erwachsen" zu sein.

Die Auflagen zu Hause wurden auch gelockert, nachdem ich mir nichts mehr zu schulden kommen lassen hatte. Abends musste ich jetzt erst um 20:30 Uhr wieder zu Hause sein. Rauchen durfte ich, aber auch jetzt noch nicht zu Hause, auch wenn ich schon 16 Jahre alt war.

Tommi war inzwischen mein fester Freund, wir verbrachten jede freie Minute zusammen, machten Zukunftspläne und sehnten uns danach von zu Hause aus zu ziehen. Die Schule für Sozialwirtschaft war inzwischen beendet und ich sollte ab 1. August meine Ausbildung zur Verkäuferin anfangen.

Ich verbrachte immer weniger Zeit zu Hause.
So vergingen die nächsten Monate wie im Flug. Ich bekam zwar immer noch ständig Ärger mit Olaf, aber ich hatte ja Übung darin, meine Ohren auf Durchzug zu stellen und verdrehte meist nur kommentarlos die Augen.
An einem Sonntag, kamen Tommi und Malte nach dem Mittagessen um mich ab zu holen. Wir wollten nach Eckernförde fahren und ein wenig an der Ostsee spazieren gehen. Da ich noch in der Küche mit dem einräumen der Spülmaschine beschäftigt war, bat ich die beiden im meinem Zimmer zu warten. Ich erledigte meine Arbeit und Olaf bat mich, den Müll noch heraus zu tragen.

„Ich nehme den Müll gleich mit, wenn ich losgehe", sagte ich und ging in Richtung meines Zimmers um meinen Freunden zu sagen das wir losgehen konnten.

Ich nahm meine Jacke von der Garderobe und wollte die Zimmertür öffnen.

In dem Moment kam Olaf um die Ecke und schrie wutentbrannt: „Du bringst jetzt erst den Müll raus!"

„Ja sofort, ich will nur schnell Tommi und Malte Bescheid sagen, ich nehme den Müll dann mit raus, wenn wir gehen", antwortete ich.

Olaf packte meinen Arm und hielt mich fest „Nein, du bringst den Müll sofort raus!" schrie er.

Ich drehte mich total wütend zu Olaf und schrie zurück: „Lass mich los!"

Olaf packte noch fester zu. In dem Moment wurde ich so wütend das ich mich nur kurz zu Olaf umdrehte mich aus seinem Griff wand und ihm mit beiden Fäusten in den Bauch boxte.

Dabei schrie ich ihn an: „Du fasst mich nicht nochmal an, sonst gehe ich zur Polizei und zeige dich an, den Müll kannst du auch allein raus bringen!", lief ins Badezimmer, wo meine Mutter sich grade die Haare kämmte und rief ihr zu: „Das war das letzte Mal das ich mir das von Olaf gefallen lasse. Ich gehe zum Jugendamt und ziehe aus!"

Danach verließ ich Mit Malte und Tommi mein Elternhaus.

Gemeinsam überlegten wir was wir jetzt machen. Der Ausflug nach Eckernförde wurde kurzer Hand, durch einen Ausflug zu meinem Vater nach Schleswig ersetzt.

Ich erzählte meinem Vater die ganze Geschichte und er bot mir an, vorübergehend bei ihm zu wohnen, bis Tommi und ich eine geeignete Wohnung gefunden hatten. Da ich auf keinen Fall klein beigeben wollte, nahm ich das Angebot dankbar an.

Am Montagvormittag holte Tommi mich dann wieder aus Schleswig ab und fuhr mit mir zum Jugendamt. Die Mitarbeiterin war sehr nett und nachdem ich meine Geschichte erzählt hatte, machte sie den Vorschlag mich vorerst in einer Jugendwohngruppe unter zu bringen. Das hatten Tommi und ich uns anders gedacht und wir erzählten ihr, dass wir schon seit über einem Jahr zusammen waren und uns lieber mit Hilfe des Jugendamtes gemeinsam eine Wohnung suchen wollten.

Die Mitarbeiterin fand den Vorschlag auch ganz gut und schickte uns zum Leiter des Sozialamtes, mit dem sie schon während unserer Anwesenheit telefonierte.

Wir bekamen drei freie Wohnungsangebote und konnten die Wohnungen auch gleich am nächsten Tag besichtigen.

Wir entschieden uns für eine kleine Zweizimmerwohnung in unmittelbarer Nähe zu unseren Elternhäusern.

Die nächsten 14 Tage verbrachte ich noch bei meinem Vater in Schleswig.

Nur einmal besuchte ich meine Mutter und erzählte ihr das ich mit Tommi zusammen ziehen wollte und stellte ihr Tommi als ihren zukünftigen Schwiegersohn vor, denn wir hatten beschlossen das wir sobald ich volljährig bin, heiraten wollten.

Am Tag des Umzuges ging ich vormittags mit Tommi zu meiner Mutter und holte meine Sachen ab. Viel war es nicht, denn meine Kinderzimmermöbel Möbel ließen wir dort.

Glücklicherweise hatten Papa, meine Cousine Iris und meine Oma noch einige Möbel im Keller stehen, die wir für unsere Wohnung geschenkt bekamen.

Auch meine Mutter hatte heimlich, damit Olaf das nicht merkte, Geschirr für mich gekauft und alte Handtücher und viele andere Dinge für mich bereitgestellt. Tommis Eltern steuerten ein Tafel- und Kaffeeservice zu unserem Haushalt bei. Ein Bett kauften wir uns von Tommis Gehalt.

Ein neues, glückliches Leben

So fing ab August mein neues Leben an.

Ich begann meine Ausbildung zur Textilfachverkäuferin in einem großen Warenhaus. Anfangs war das sehr anstrengend und mir taten abends oft die Füße weh.

Für den Haushalt hatte ich abends keine Lust mehr. Aufräumen und putzen war nicht so meine Stärke. Besuch musste sich darum immer erst vorher anmelden, damit ich vorher ein bisschen Ordnung in das Chaos das bei uns in der Wohnung herrschte bringen konnte. Die ersten Monate waren Tommi und ich ständig in Geldnot, was zur Folge hatte, das es ständig Pellkartoffeln mit Margarine zu essen gab, oder wenn wir Appetit auf Süßes hatten, machte ich Kuchenteig, den wir mit großen Löffeln aus der Schlüssel schleckten. Zum Frühstück gab es manchmal für jeden 3-4 gekochte Eier. Zu meiner Mutter und Olaf hatte ich nur sehr selten Kontakt. Kristina kam mich oft besuchen.

Meine zukünftige Schwiegermutter Gitta brachte mir bei wie ich mit dem Geld haushalte, damit wir auch am Ende des Monats noch Lebensmittel kaufen konnte. Nach einige Monaten hatte ich das auch einigermaßen gut drauf.

Das Chaos in der Wohnung legte sich auch ein wenig, trotzdem war mein Haushalt wochentags noch weit davon entfernt ihn ordentlich nennen zu können. Am Wochenende wurde immer die große Putzaktion gestartet.

Tommi und ich verstanden uns gut, was daran lag das ich immer nachgab. Ich mochte keinen Streit. Zudem waren seine Argumente immer erschlagend. Ich war nicht so wortgewandt um mich wehren zu können.

Papa machte in Bredstedt eine Entziehungskur. Tommi und ich besuchten ihn dort ein paar mal. Er war ein ganz anderer Mensch ohne den Alkohol. Ich freute mich für ihn. Nachdem Papa die Entziehung hinter sich hatte, suchte er sich Arbeit und machte einen Führerschein und kaufte sich ein kleines Auto.

Papa kam Tommi und mich oft besuchen. Er engagierte sich ehrenamtlich bei der Marinekameradschaft, der Gesellschaft zur Rettung Schiffbrüchiger und war Mitglied im Schützenverein. Er trug die Uniform der Marinekameradschaft sehr gern, was ihm bei Kristina und mir den Spitznamen „Oberförster" einbrachte.

Volljährig mit 17

Immer wieder überlegten wir was wir machen wenn Tommi seinen Einberufungsbescheid für die Bundeswehr bekommen würde. Die Wohnung aufgeben? Dann hätte ich zurück zu meiner Mutter und Olaf gemusst. Bei Papa in Schleswig kann ich nicht wohnen, weil mein Ausbildungsplatz ja in hier in Heide war. Wir erkundigten uns uns beim Jungendamt. Es gäbe eine Möglichkeit um die Wehrpflicht herum zu kommen, sagte man uns. Wenn wir verheiratet wären, müsste die Bundeswehr für die gemeinsame Wohnung und meinen Unterhalt aufkommen. Das Problem was sich dann stellte: Ich war zu diesem Zeitpunkt noch nicht Volljährig, sondern erst 17 Jahre alt.

Mit der Einwilligung meiner Mutter, oder einer vorzeitigen Volljährigkeitserklärung des Vormundschaftsgerichts, würde ich aber auch schon mit 17 heiraten können.

Wir entschlossen uns, das Vormundschaftsgericht zu bemühen, da ich Angst hatte, meine Mutter würde ihr Einverständnis nicht geben. Das Jugendamt schickte einen Mitarbeiter, der schauen sollte in welchen Verhältnissen ich mit Tommi lebte und meine Reife beurteilen sollte. Der Mitarbeiter unterhielt sich bei einer Tasse Kaffee in unserer Wohnung lange über unsere Pläne für

die Zukunft mit uns und kam zu dem Schluss, das ich reif
genug wäre.

Anfang Mai nahmen Tommi und ich uns einen Tag frei und
gingen mit den Unterlagen vom Gericht zum Standesamt und
bestellten das Aufgebot. Wir brauchten schnell einen Termin für
die Heirat, denn inzwischen war der Einberufungsbescheid der
Bundeswehr zum 1. Juli da.

Heirat

Am 30. Mai um 9 Uhr heirateten wir auf dem Standesamt.
Lange hatten wir vorher überlegt wie wir die Feier gestalten,
weil ja mein Vater in Schleswig uns auch gerne
beglückwünschen wollte.

Unser Kompromiss: Nach der Trauung fahren wir nach
Schleswig zu meinem Vater um dort Mittag zu essen, am Abend
fand dann eine kleine Feier im engsten Familienkreis bei
meiner Mutter in Heide statt.

Nun war ich Ehefrau, fühlte sich auch nicht anders an als
vorher. Ich war glücklich, glücklich, mein altes Leben hinter mir

gelassen zu hatten und freute mich unheimlich auf das neue Leben.

Viele meiner Verwandten dachten damals ich wäre schwanger gewesen und wir darum so früh geheiratet hatten. Nein, ich war nicht schwanger, dafür fühlte ich mich noch viel zu jung.

Unsere Heiratsurkunde schickten wir zum Kreiswehrersatzamt. Von dort wurde Tommi dann mitgeteilt das er vom Wehrdienst befreit ist. Wir waren erleichtert, denn von 179 DM die damals der Wehrsold betrug, hätten wir unser gemeinsames Leben nicht finanzieren können.

Tommi überlegte danach wie seine berufliche Zukunft aussehen sollte. Sein Gehalt als Maschinenbauer war nicht sehr hoch. Eine größere Wohnung oder gar Kinder hätten wir davon nicht finanzieren können. Er beschloss auf die Meisterschule zu gehen. Da das nicht ganztags ging, muss er abends und Samstags zur Schule gehen. Ich genoss derweil die Abende allein zu Hause, oder ging in dieser Zeit Freunde besuchen.

Prüfungsangst

Bald stand auch meine Gesellenprüfung an. Ich lernte zu
Hause wie eine Bekloppte, da ich angst hatte zu versagen. Ich
wollte meiner Mutter zeigen, dass ich auch allein zurecht
komme und aus meinem Leben etwas mache.

Am morgen der schriftlichen Prüfung hatte ich
Magenschmerzen vor Aufregung. Die Prüfung lief gut, ich war
erleichtert. Ich hatte ein gutes Gefühl und konnte alle Fragen
beantworten. Die schriftliche Prüfung bestand ich mit der Note
3. Meine Freude war riesengroß.

Nun hatte ich noch die praktische Prüfung vor mir, die ein paar
Tage später stattfand. Wieder war ich sehr aufgeregt, ich hatte
schweißnasse Hände. Für diese Prüfung kann man ja vorher
nicht in Bücher gucken und lernen. Dazu kam das die Prüfung
ja nicht an meinem Arbeitsplatz stattfand, sondern in der
Textilabteilung eines anderen Geschäftes. Mein Herz klopfte bis
zum Hals.

Mein Berufsschullehrer und der Prüfer begrüßten mich. Ich war
so aufgeregt das ich kaum ein Wort herausbrachte. Ich rang mir
aber ein kleines Lächeln ab, das wohl eher wie eine Grimasse
ausgesehen hatten musste.

Der Prüfer ging mit mir in die Miederwarenabteilung und stellte mir die erste Frage: Wie macht man das Material von Miederhosen hautfreundlich? -

Mit allen möglichen Fragen hatte ich gerechnet, aber nicht mit dieser. In meinem Hirn breitete sich eine gähnende Leere aus. Das Blut wich mir aus dem Gesicht. Mir wurde heiß. Ich stammelte irgendeine Antwort herunter. Der Prüfer hakte nach, weil die Antwort nicht richtig war. Ich schwitzte Blut und Wasser. Mein Kopf war LEER. Da war nichts mehr. Verzweifelt versuchte ich eine Antwort zu finden. - Nichts. Mich ergriff Panik.

Der Prüfer stellte mir noch andere Fragen, ganz leichte. Auch diese konnte ich nicht beantworten. Mein Hals war wie zugeschnürt und mein Gehirn völlig leer.

Dann war die Geduld des Prüfers am Ende und er brach die Prüfung ab. Ich hatte nicht bestanden. Durchgefallen! In der praktischen Prüfung!

Mein Berufsschullehrer fragte mich nach der Prüfung was 1% von 100 wäre. - Nichts. Ich konnte nicht einmal diese leichte Frage beantworten.

Er tröstete mich und meinte ich hätte wohl einen typischen Blackout und es würde auch keinen Sinn mehr machen mich etwas zu fragen.

Mir liefen die Tränen der Enttäuschung über das Gesicht. Ich konnte nur noch eins denken: Durchgefallen. -

Bis heute weiß ich nicht wie ich nach Hause gekommen bin. Nachdem ich mich beruhigt hatte rief ich bei meinem Ausbilder Herrn Hoffmann an und überbrachte ihm schluchzend die Nachricht. Herr Hoffmann erklärte mir, das ich die Prüfung in sechs Monaten wiederholen darf.

Das tat ich auch und die nächste Prüfung lief wie am Schnürchen. Kein Blackout. Ich bestand mit der Note 2. Nur ein paar Tage später legte ich auch meine Führerscheinprüfung ab und bestand diese auch. Von Prüfungsangst, wie bei meiner ersten Prüfung, keine Spur mehr.

Die erste Frage die mir der Prüfer bei meiner ersten Gesellenprüfung stellte, habe ich bis heute nicht vergessen.

Nun hatte ich eine Ausbildung, einen Führerschein und bekam eine neue Arbeitsstelle, ausgerechnet in dem Betrieb wo ich meine erste praktische Prüfung versemmelt hatte. Bei Karstadt. Ich wechselte die Abteilung und war dort zuständig für Obst, Gemüse, Zeitschriften, Tabak - und Süßwaren. Der Arbeitsplatz gefiel mir sehr gut.Die Kollegen und der Chef waren sehr nett. Tommi schloss währenddessen seine Meisterschule ab und wurde in seinem Betrieb auch als Meister eingesetzt.

Finanziell ging es uns gut. Wir mieteten uns eine größere Wohnung, in dem Haus wo auch meine Mutter und Olaf wohnten. Wir kauften uns schöne Möbel und genossen unser Leben zu zweit. Nach fünf Jahren im Beruf meldete ich mich bei der Industrie- und Handelskammer für die Externenprüfung zur Einzelhandelskauffrau an und schaffte diese auch auf Anhieb. Nun hatte ich auch einen Beruf auf den ich aufbauen kann, denn ich wollte Abteilungsleiterin werden.

Nach der Arbeit schaute ich oft bei meiner Mutter rein, Timo, mein kleiner Bruder war inzwischen auch in der Lehre, war aber in seiner Mittagspause zuhause. Kristina hatte ihre Ausbildung zur Hotelfachfrau auch abgeschlossen und arbeitete im Krankenhauscafé. Meine Mutter hatte grade wieder eine trockene Phase und Timo und ich lenkten sie ab, damit sie nicht rückfällig wurde. Meist unterhielten wir uns in der Küche während meine Mutter kochte. Nebenbei lief das Radio. Meine Mutter hörte gern auf NDR 1 das Mittagskonzert. Dort wurden oft Lieder gespielt wie: Das Kufsteinlied oder Rocky, was wir immer lauthals und theatralisch mitsangen und parodierten. Wir hatten viel Spaß miteinander.
Einige Monate später war es wieder vorbei mit der trockenen Zeit. Mama trank wieder. Ich zog mich zurück, weil ich dies nicht ertragen konnte und besuchte sie kaum noch.

Mamas Geburtstag

Geburtstag wurde immer groß gefeiert bei uns in der Familie.
So auch der von meiner Mutter. Sie lud ihre Geschwister ein
und auch Olafs Geschwister kamen, um zu gratulieren. Mama,
die für mich unerträglich war wenn sie getrunken hatte, fing an
über mich herzuziehen und mich schlecht zu machen, wie sie
es oft tat wenn sie getrunken hatte. Sich selbst stellte sie immer
als die Übermutter dar, die einen guten Beruf hatte, trotzdem
sie mit 18 schon ein Kind (mich) hatte. Ich konnte ihr Schwafeln
kaum noch ertragen und kochte innerlich. Dann fing sie an sich
über unsere Zensuren in der Schule zu mokieren. Kristina war
immer schlecht in Mathe und sie meinte das ich auch immer
schlechte Zensuren hatte.

Ich konnte meinen Mund einfach nicht mehr halten und sagte
zu ihr: „Ich hatte in meinem Abschlusszeugnis eine Zwei in
Mathe. Wie kommst du darauf dass ich schlecht gewesen bin in
der Schule?"

Sie antwortete lallend: „Das stimmt doch gar nicht, erzähl doch
keinen Blödsinn."

Das konnte ich nicht auf mir sitzen lassen.

Ohne ein Wort zu sagen stand ich auf, und ging nach oben in meine Wohnung und suchte mein Zeugnis aus dem Unterlagenordner heraus, nahm es und ging wieder nach unten.

Vor sämtlichen Geburtstagsgästen sagte ich zu meiner Mutter: „So, hier hast du das schwarz auf weiß welche Zensur ich in Mathe hatte. Ich lüge nicht und wenn du deinen Verstand nicht versoffen hättest, würdest du das auch wissen."

Totenstille.

Ich drehte mich um und verließ die Wohnung meiner Mutter.

Entschuldigt für diese harten Worte habe ich mich nicht.
Wir redeten 3 Monate nicht miteinander.

Ende

Epilog

Inzwischen bin ich 50 Jahre alt.

Verheiratet in zweiter Ehe.

Mein Leben läuft sehr geordnet ab.

Ich habe zwei erwachsene Töchter, die beide eine vernünftige Berufsausbildung haben und inzwischen auch schon wieder Mütter sind.

Ich genieße mein Leben mit meinem Ehemann, den Kindern und Enkelkindern.

Ich hoffe ich war und bin meinen Töchtern eine bessere Mutter und habe ihnen mehr Liebe geschenkt, als ich selbst sie bekommen habe.

Meine Omas und Olaf sind inzwischen verstorben. Zu meiner Mutter habe ich Kontakt, nicht ganz so herzlich wie es in anderen Mutter-Tochter-Verhältnissen ist, aber ich bemühe mich.

Danke an Kristina für

die Auffrischung von Erinnerungslücken

die zahlreichen Gespräche über Skype

das Korrektur lesen